ÉTVDES

REVUE DE CULTURE CONTEMPORAINE

REVUE MENSUELLE FONDÉE EN 1856
PAR DES PÈRES DE LA COMPAGNIE DE JÉSUS

14, rue d'Assas – 75006 Paris – France
Courriel : abonnements.etudes@ser-sa.com
Le numéro : 13,50 € – Numéros anciens : même tarif

W0274453

Site internet : www.revue-etudes.com
Archives depuis 1856 consultables à partir de notre site

Revue éditée par la SER-SA (principaux actionnaires : Assas Éditions, Bayard Presse)
PRÉSIDENT DU CONSEIL D'ADMINISTRATION ET DIRECTEUR DE LA PUBLICATION :
Thierry Lamboley, s.j. – Directrice générale : Anne-Claire Marion

Publiée avec le concours du Centre national du livre (CNL)
Dans ce numéro, un encart posé (*Christus*)
Fabrication et PAO : SER / Imprimé en Espagne par Factory Books and Magazines SL – Avenida de la Vía Láctea, 1
2ª Planta – Edificio Augusta – 28830 San Fernando de Henares (Madrid)
CPPAP : 0527 D 81595 – ISSN : 0014-1941
Dépôt légal à parution. Réf. 4324

Pays de provenance du papier : Espagne
Taux de fibres recyclées : 0 %
Origine des fibres : papiers issus de forêts gérées durablement
Impact sur l'eau : Ptot 0,020 kg/T

PEFC
PEFC-14-38-00257

ont participé à ce numéro

Bayram Balcı • Chercheur au Ceri – Sciences Po (Paris), ancien directeur de l'Institut français d'études anatoliennes (Istanbul) et de l'Institut français d'études sur l'Asie centrale (Tachkent). A publié *Renouveau de l'islam en Asie centrale et dans le Caucase* (CNRS éditions, 2017). A notamment publié dans *Études* « L'affaire Khashoggi » (avec Jean-Paul Burdy, n° 4257, février 2019), « Les nouvelles relations entre la Turquie et la Russie » (n° 4296, septembre 2022) et « La Turquie est-elle toujours dans le camp occidental ? » (n° 4318, septembre 2024).

Alexis Berelowitch • Spécialiste de la Russie soviétique et postsoviétique, enseignant et traducteur. A publié *Les Russes d'en bas* (avec Michel Wieviorka, Seuil, 1996) et *L'État soviétique contre les paysans* (avec Nicolas Werth, Tallandier, 2011).

Patricia Boyer de Latour • Journaliste et écrivaine, enseignante en journalisme, directrice de la collection « Quoi de neuf ? » aux éditions Rue-Saint-Ambroise, membre du jury du prix Saint-Simon, collaboratrice d'*Études*. A publié *Plaisirs* suivi de *Messages secrets* (avec Dominique Rolin, Gallimard, 2019). A publié dans *Études* de grands entretiens avec Philippe Sollers (n° 4244, décembre 2017), Tobie Nathan (n° 4249, mai 2018) et Souleymane Bachir Diagne (n° 4257, février 2019).

Guillaume Cuchet • Professeur d'histoire contemporaine à l'Université Paris 1 Panthéon-Sorbonne et au Centre d'histoire du XIXe siècle, membre du comité de rédaction d'*Études*. A récemment publié *Le catholicisme a-t-il encore de l'avenir en France ?* (Seuil, 2021). A notamment publié dans *Études* « La transition funéraire contemporaine » (n° 4246, février 2018), « La montée des sans-religion en Occident » (n° 4263, septembre 2019) et « Les "expériences de mort imminente" en Occident » (n° 4299, décembre 2022).

Julien Damon • Sociologue, enseignant à l'École des hautes études commerciales de Paris (HEC Paris) et à l'École nationale des Ponts et Chaussées, rédacteur en chef de *Constructif*. A récemment publié *Les batailles de la natalité, Quel « réarmement démographique » ?* (L'Aube, 2024). A publié dans *Études* « Les familles recomposées » (n° 4185, mai 2013) ; « Le gigantisme urbain est-il viable ? » (n° 4305, juin 2023), « Faible fécondité : que faire ? » (n° 4314, avril 2024) et « Sacré *metal* : étude d'un genre » (n° 4322, janvier 2025).

Julia Kristeva • Écrivaine, psychanalyste, professeure émérite à l'Université de Paris, membre titulaire et formatrice de la Société psychanalytique de Paris, docteure *honoris causa* de nombreuses universités aux États-Unis, au Canada et en Europe, première lauréate du Prix Holdberg, Prix Hannah-Arendt et Prix Vaclav-Havel. A notamment publié *Histoires d'amour* (Denoël, 1985), *Soleil noir* (Gallimard, 1987), *Le temps sensible, Proust et l'expérience littéraire* (Gallimard, 1994), *Le génie féminin, Arendt, Klein, Colette* (trois volumes, Fayard, 1999, 2000 et 2002) et *Prélude à une éthique du féminin* (Fayard, 2024).

Dominique Lambert • Docteur en sciences et docteur en physique, membre de l'Académie royale de Belgique, professeur émérite à l'Université de Namur. A publié *La robotique et l'intelligence artificielle* (Éditions jésuites, 2019), *Robotisation des armées* (collectif, Economica, 2020) et Le Phénomène humain *de Pierre Teilhard de Chardin* (collectif, Éditions jésuites, 2022).

Jean-François Pigoullié • Critique de cinéma, collaborateur des *Cahiers du cinéma*, de *Positif* et d'*Esprit*. A notamment publié *Le rêve américain à l'épreuve du film noir* (Michel Houdiard éditeur, 2011). A notamment publié dans *Études* « Le cinéma à l'épreuve de la conversion écologique » (n° 4256, janvier 2019), « Les séries télé et la transmission de la foi » (avec Franck Damour, n° 4263, septembre 2019), « De la vanité selon Scorsese » (n° 4283, juin 2021) et « Le catholicisme d'Éric Rohmer » (n° 4316, juin 2024).

Camille de Villeneuve • Normalienne, docteure en philosophie, professeure de philosophie aux Facultés Loyola Paris, romancière. A récemment publié *Le dernier torero* (Gallimard, 2023) et *Lis Lénine !* (Gallimard, à paraître en avril 2025). A publié dans *Études* « *#MeToo* et la galanterie à la française » (n° 4258, mars 2019), « Défaire le discours misogyne » (n° 4268, février 2020), « Existe-t-il une violence spécifique faite aux femmes ? » (avec Mazarine Pingeot, n° 4278, janvier 2021) et « Simone de Beauvoir et le féminisme contemporain » (n° 4294, juin 2022).

ÉDITORIAL
de François Euvé

Défendre la démocratie

En dépit de ce que l'on pouvait espérer après 1989, la démocratie est en recul presque partout dans le monde. Sans doute y a-t-il quelques exceptions, comme en Pologne lors des dernières élections, mais nous assistons à une évolution qui paraît affecter la plupart des pays. La démocratie est menacée de l'extérieur, par des pouvoirs autoritaires qui cherchent, par divers moyens, à en déstabiliser le fonctionnement, comme le montrent les exemples de la Russie et de la Chine. Mais la menace la plus insidieuse me semble venir de l'intérieur. L'évolution récente des États-Unis est inquiétante.

Il y a une douzaine d'années, Tzvetan Todorov (1939-2017) avait déjà diagnostiqué ces menaces dans un ouvrage qui mérite d'être relu dans le contexte actuel. Pour lui, « la démocratie sécrète en elle-même des forces qui la menacent[1] ». Le fonctionnement démocratique valorise la liberté, en particulier dans l'expression de ses opinions. Nous y sommes fortement attachés, car la liberté d'expression en est l'un des fondements. La comparaison avec les régimes où elle est bridée en souligne la valeur et invite à la défendre partout où elle est attaquée, de même que dans le même temps défendre les droits humains, qui sont eux aussi en régression dans de nombreuses régions du monde.

Les événements actuels aux États-Unis montrent l'effet pervers d'une liberté non régulée. Ceux qui promeuvent la dérégulation, en renonçant à toute modération des réseaux sociaux, défendent une totale « liberté d'expression », conforme à l'idéologie libertarienne. On assiste à une véritable désinhibition du discours qui profite des moyens considérables mis en œuvre pour atteindre le plus grand nombre d'abonnés à ces réseaux. Parasitée par les infox (ou *fake news*), cette « liberté » se retourne contre elle-même puisqu'elle détruit la confiance mutuelle qui est à la base de toute communication humaine. On voit qu'elle profite surtout aux puissants. Leur « libre expression » est un moyen d'accroître leur pouvoir et leur influence sur la société,

1. Tzvetan Todorov, *Les ennemis intimes de la démocratie*, Robert Laffont, 2012, p. 13.

au détriment des sans-voix. Comme l'écrivait Todorov : « En tant que contre-pouvoir, la liberté d'expression est précieuse. En tant que pouvoir, elle doit être à son tour limitée[2]. »

Nous assistons à un retour de la force ou de la puissance comme valeur centrale. L'exaltation du « masculinisme » et la défense de l'« agressivité » par Mark Zuckerberg, dans le *podcast* de Joe Rogan, en est un indice parmi d'autres. Ce n'est pas un phénomène nouveau. Il rappelle l'influence du « darwinisme social », il y a un peu plus d'un siècle, en particulier aux États-Unis. La notion de « lutte pour la vie » servait de prétexte à privilégier les forts. L'avant-propos à la deuxième édition française de *L'origine des espèces* (1866) déplorait que « la charité chrétienne » aboutisse à « sacrifier ce qui est fort à ce qui est faible, [...] les êtres bien doués d'esprit et de corps aux êtres vicieux et malingres ».

La référence au christianisme est à relever, d'autant plus que des courants populistes s'en réclament. Il faut rappeler que l'Évangile met au cœur de son message la défense du plus vulnérable, comme le pape François ne cesse de le répéter. Il ne s'agit pas d'une « charité » condescendante qui accorde aux pauvres quelques subsides. L'enjeu est plus radical : donner la parole aux sans-voix, prendre en considération ceux que l'on est porté à ignorer ou mépriser.

La grandeur de la démocratie est de protéger les plus vulnérables et de permettre à ceux qui ont moins de moyens de prendre leur place dans le débat démocratique. La régulation par des normes juridiques qui s'imposent à tous peut donner le sentiment de brider les initiatives personnelles et d'empêcher la créativité des entrepreneurs, comme certains le reprochent à l'Union européenne. C'est pourtant une condition indispensable pour préserver le partage social en évitant que les puissants accaparent tout pouvoir.

Rappelons pour terminer ces mots prononcés par le père dominicain Henri Lacordaire en chaire de Notre-Dame de Paris, le 16 avril 1848 : « Sachent donc ceux qui l'ignorent, sachent les ennemis de Dieu et du genre humain, quelque nom qu'ils prennent, qu'entre le fort et le faible, entre le riche et le pauvre, entre le maître et le serviteur, c'est la liberté qui opprime et la loi qui affranchit. »

2. *Ibid.*, p. 173.

VERS UNE NOUVELLE SYRIE ?

Entretien avec Bayram BALCI

La chute rapide de Bachar al-Assad est-elle l'annonce de l'émergence d'une nouvelle Syrie ? La victoire d'une organisation de tradition djihadiste peut susciter des inquiétudes, mais les premiers pas sont plutôt rassurants. Toutefois, il faudra observer comment seront prises en compte les minorités dans une Syrie qui doit rester plurielle.

L'année 2024 s'est achevée par un événement politique majeur pour la Syrie, voire pour tout le Proche-Orient, la chute du régime de Bachar al-Assad qui a dirigé le pays, avec son père, pendant près de cinquante-cinq ans. La plupart des observateurs de la Syrie ont avancé que cette chute résulte de la convergence entre des dynamiques internes à la société syrienne et des dynamiques externes. Comment expliquer cette chute ?

■ **Bayram Balcı :** La convergence des dynamiques internes et externes a en effet favorisé la chute du régime al-Assad. Celui-ci était soutenu à grand renfort d'armes par la Russie et l'Iran, tandis que la Turquie, elle, patronnait une bonne partie des forces rebelles. Ce sont bien les facteurs externes qui ont le plus contribué au renversement du régime syrien car, dans cette dynamique régionale, on oublie souvent un quatrième acteur de poids, à savoir Israël. Et, de fait, les attaques du Hamas contre Israël, le 7 octobre 2023, ont totalement bouleversé la région. Car en déclenchant une guerre totale contre le Hamas et la bande de Gaza, la riposte tous azimuts israélienne a considérablement affaibli toutes les forces iraniennes, solidaires des Palestiniens, au premier rang desquelles le Hezbollah mais aussi d'autres groupes iraniens stationnés en Syrie pour assurer un soutien au « Boucher de Damas ». À leur affaiblissement est corrélé celui du régime syrien. De façon concomitante, le Hezbollah a été contraint de retirer une partie de ses combattants de Syrie pour les envoyer à la frontière israélo-libanaise, laissant le champ libre à la rébellion contre al-Assad, tandis que la Russie, focalisée sur le front ukrainien, avait elle aussi réduit ses effectifs de soutien à un allié devenu encombrant.

La Turquie, en face, bien qu'à la recherche d'une précautionneuse normalisation du dialogue avec al-Assad pour s'extraire de l'impasse syrienne, continuait en parallèle à soutenir l'opposition, notamment sa composante principale, l'Armée nationale syrienne (ANS). De plus, à Idlib, les forces turques, occupées à contenir l'arrivée massive de nouveaux flux de réfugiés en Turquie, protégeaient indirectement le micro-État gouverné par Hayat Tahrir al-Cham (HTC). Ce dernier a bien profité de la conjoncture géopolitique pour coordonner et lancer l'offensive contre le pouvoir d'al-Assad.

En revanche, il serait réducteur et injuste envers les Syriens d'attribuer la chute d'al-Assad à la seule dynamique géopolitique régionale. En effet, la rébellion syrienne unie a fait ici la preuve de gros efforts d'organisation et de tactique qui ont été payants. Ainsi, à Idlib, les forces rebelles ont acquis une discipline et une expérience militaires qui les ont aidées à monter à l'assaut contre les ruines du régime d'al-Assad. Quant à l'ANS soutenue par la Turquie, elle a participé et fourni les efforts nécessaires pour une meilleure organisation.

Enfin, s'ajoute un troisième facteur dont il faut tenir compte dans la chute rapide d'al-Assad. Il s'agit de l'épuisement extrême du régime et du peu des combattants qui lui étaient encore fidèles. Privé de ses soutiens, et incapable de répondre aux besoins vitaux et problèmes politiques, économiques et sociaux d'une population meurtrie, opprimée mais défiante, l'homme d'État a pris lâchement la fuite, abandonnant derrière lui un pays exsangue, saigné à blanc.

Au-delà de la réjouissance face à la chute d'un dictateur qui a mis son pays à feu et à sang et bouleversé l'ordre régional de manière négative, les inquiétudes sont fortes et légitimes face à l'arrivée au pouvoir des nouveaux maîtres du pays qui sont des islamistes radicaux de Hayat Tahrir al-Cham. Quelle est cette organisation ? A-t-elle vraiment changé ? Qui est ce personnage à sa tête ?

B. Balcı : En effet, les lendemains de guerre, avec leur cortège de chaos politique et moral et de détresse humaine et sociale, sont des terreaux fertiles pour les extrêmes. Nous ressentons tous, ici et là-bas, ces incertitudes comme des inquiétudes, à la fois pour la Syrie et pour la région.

Les nouveaux maîtres de Damas appartiennent donc au Hayat Tahrir al-Cham et à son *leader* Abou Mohammed al-Joulani, qu'il convient d'appeler désormais Ahmed Hussein al-Charaa puisque, soucieux d'offrir un visage respectable, il n'utilise plus son nom de guerre. Or, il lui faudra davantage qu'une nouvelle carte d'identité pour gommer et rendre lisse un passé sulfureux au sein de l'organisation terroriste autoproclamée « État islamique », fondée par Abou Bakr al-Baghdadi. Certes, il a su rompre avec Daech assez vite, mais pour rejoindre les rangs d'une autre organisation terroriste, et non des moindres : al-Qaïda. Son itinéraire s'étoffe encore en juillet 2016, quand il quitte cette dernière pour fonder sa propre organisation, Hayat Tahrir al-Cham, l'Organisation de libération du Levant (nom historique de la Syrie), en 2017.

> **« Le Hayat Tahrir al-Cham doit être compris avant tout dans son sens politique »**

Le Hayat Tahrir al-Cham doit être compris avant tout dans son sens politique. Rompre avec al-Qaïda signifiait rompre avec la logique du djihadisme international, pour recentrer la lutte à l'échelle de la seule Syrie. Et l'objectif ultime de la lutte est bien politique : renverser un régime criminel et impie pour créer un État régi en grande partie par l'islam, pas forcément extrémiste mais plutôt conservateur à la façon de Recep Tayyip Erdoğan, à ses débuts. Il a pu en faire la preuve quand, à la tête du HTC, sous le nom d'al-Joulani, il a, entre 2017 et 2024, administré le réduit d'Idlib avec un gouvernement local, certes autoritaire, mais rejetant un djihadisme radical et à vocation internationale. Cette profonde mutation a été confirmée par plusieurs chercheurs (parmi eux, Patrick Haenni[1]). Ils ont visité à plusieurs reprises Idlib et rencontré al-Joulani. Ils ont pu témoigner d'une gestion tout à fait correcte, respectueuse de la diversité religieuse, combattant

1. Sylvain Cypel, Sarra Grira et Patrick Haenni, « Syrie : Hayat Tahrir Al-Cham, radioscopie d'une mutation idéologique », *Orient XXI*, 16 décembre 2024 (sur *https://orientxxi.info/*). Voir l'entretien de Patrick Haenni avec Hélène Sallon, « Syrie : "On est face à un mouvement qui s'est déradicalisé par le haut" », *Le Monde*, 8 janvier 2025 (sur *www.lemonde.fr*).

l'organisation État islamique, y compris en collaborant avec les forces américaines pour l'élimination des successeurs d'Abou Bakr al-Baghdadi.

Tout en étant issu d'une mouvance djihadiste, le HTC a muté pour devenir une organisation plus politiquement mûre, pragmatique et responsable. À ce titre, si le nouveau pouvoir de transition à Damas, qui en est issu, tient ses promesses, avec la reconnaissance et l'accompagnement extérieurs nécessaires, il pourrait créer une nouvelle Syrie, digne, souveraine, libre et fidèle à l'aspiration populaire d'une société multiethnique et multireligieuse. La tâche en sera extrêmement ardue et délicate. 60 % des Syriens ont été déplacés ou exilés à l'étranger, les infrastructures du pays sont en grande partie détruites, son économie est en lambeaux. De fait, par pur pragmatisme, le nouveau pouvoir à Damas n'a d'autre option que de fédérer autour de lui toutes les forces encore vives de toute la société syrienne. Il sera obligé de composer avec tout le monde, en tenant compte des consignes de la communauté internationale pour assurer au pays un soutien international à la reconstruction. Le travail de reconstruction et de retour des réfugiés est d'une telle ampleur et d'une telle urgence vitale pour l'intégrité du pays que le HTC au pouvoir aura d'autres priorités que d'imposer un agenda islamiste. Obnubilés par la menace djihadiste et déformés à travers ce prisme, les analystes ont tort de comparer la nouvelle Syrie à l'Afghanistan des talibans. Les composantes, les parcours historiques et les conjonctures des deux pays sont incomparables.

Pourtant, nombreux sont ceux qui doutent de la sincérité de la reconversion d'al-Joulani en al-Charaa, de sa capacité, voire son désir, à changer pour incarner un *leader* modéré, revêtu d'un costume de chef d'État pour diriger la Syrie. Son passé, contrasté on l'a vu, entre jeunesse djihadiste et responsabilités assumées et confirmées à Idlib, invite à la plus haute vigilance mais aussi à l'espoir. D'Idlib à Damas, le défi est dans le changement d'échelle mais aussi dans la pression accrue, intérieure aussi bien qu'extérieure, pour que la mosaïque syrienne multiethnique et multiconfessionnelle s'incarne dans le nouveau pouvoir, comme gage de rempart à un État islamiste exclusif.

Il serait regrettable de condamner d'avance le nouveau pouvoir et de lui refuser l'encouragement dont le peuple syrien a cruellement besoin pour grandir avec le nouveau régime à inventer. En Occident, nous n'avons que trop cultivé l'image d'une Syrie sous al-Assad, certes protectrice des minorités mais outrageusement autoritaire et sanguinaire. Le cynisme du satrape de Damas a justement culminé dans l'instrumentalisation de ces minorités, comme bouclier pour se protéger lui-même et lui seul. N'en déplaise aux ignorants, l'histoire regorge d'expériences politiques régies par un islam ouvert et tolérant d'une société ethniquement et religieusement diverse. Les discussions d'ores et déjà entamées entre Ahmed al-Charaa et des représentants des minorités, en particulier chrétiennes, sont porteuses de cet espoir qu'il nous faut soutenir pour le salut du plus grand nombre, nous y compris.

> **« On peut regretter que la composition de l'équipe de transition ne soit pas assez inclusive »**

La chute de Bachar al-Assad s'est produite il y a plus d'un mois. Que peut-on dire de la manière dont s'exerce ce nouveau pouvoir ?

■ **B. Balcı :** Il est difficile de juger les actions d'un gouvernement sur une si courte période. Mais des premières mesures sont à la fois rassurantes et inquiétantes. Jusqu'ici, dans la phase de conquête du pouvoir, aucun faux pas de vengeance aveugle, aucune exaction contre les minorités, y compris contre la minorité alaouite dont est issu le clan de Bachar al-Assad, ne sont à déplorer. Toutefois, on peut regretter que la composition de l'équipe de transition au pouvoir ne soit pas assez inclusive. Non seulement les minorités n'ont pas ou très peu de postes dans ce gouvernement de transition, mais même l'élément sunnite qui prédomine est celui d'Idlib, au détriment des autres provinces. Cette répartition s'explique par le niveau de connaissance et de confiance envers des forces que HTC sait inféodées et fidèles. Mais cela éclaire peut-être également un sentiment de fragilité et de vulnérabilité d'un pouvoir encore novice, qui ne maîtrise pas tous les acteurs et toutes les subtilités du dialogue pluraliste. On peut également déplorer la faible présence de femmes dans la nouvelle équipe dirigeante mais, là aussi, précisons que les protestations manifestées par la société civile ont déjà obligé al-Charaa à nommer des femmes gouverneures de province et à confier la direction de la Banque centrale à une femme.

Ces signaux sont prometteurs, même s'ils dénotent un inconfort dissonant avec la majorité conservatrice religieuse et traditionnelle, qu'elle soit musulmane sunnite, chrétienne, druze et même kurde. Ces signaux sont surtout prometteurs du fait qu'ils enterrent et relèguent dans les archives de l'histoire le régime al-Assad comme l'un des pires régimes criminels qu'a connus notre humanité. Maintenant, il ne s'agit que de premiers signaux inscrits dans une étape transitoire, elle-même extrêmement courte et ambitieuse, puisque la promesse est d'accomplir une métamorphose politique inédite d'ici ce mois de mars. La patience est le pilier de la sagesse.

Le rapport de force va-t-il changer au profit des sunnites qui, jusque-là, avaient été marginalisés, bien que majoritaires dans le pays ?

▪ **B. Balcı :** En effet, on constate que le nouveau pouvoir est essentiellement constitué par des sunnites, ce qui est une première dans l'histoire du pays où cette majorité a toujours été tenue à l'écart, par le clan alaouite des al-Assad, au pouvoir depuis 1971 avec Hafez, le père, et depuis 2000 avec Bachar, le fils. Rappelons que la Syrie est un millefeuille d'identités superposées mais entremêlées. La confession en est une, l'appartenance ethnique, une autre. Sunnites et alaouites sont arabes, et cette appartenance partagée les réunit dans le groupe ethnique majoritaire à hauteur de 65 %. Les Kurdes constituent une minorité ethnique, mais ils font partie de la majorité confessionnelle, musulmane sunnite, même si leur *leadership* affiche une couleur séculière. Pour ce qui est de la petite minorité des chrétiens, leur différence religieuse ne fait pas moins d'eux de vrais Arabes et de vrais autochtones de cette Syrie qui est terre chrétienne depuis le début de l'histoire chrétienne. Leur dénominateur commun est d'avoir tous souffert dans leur chair, dans leur famille, dans leur communauté des atrocités du régime al-Assad, l'emprise extrême d'un seul sur tous les autres. Dans un tel système, tous ont été perdants et tous ont à gagner à construire un espace politique et social rejetant cette erreur historique et garantissant à tous un environnement apaisé et respectueux des personnes.

Sur le plan régional, qui sont les gagnants et les perdants, entre les puissances régionales que sont la Russie, l'Iran et la Turquie qui, depuis les accords d'Astana, s'étaient attribué le rôle de gestionnaires de la Syrie en crise ?

▪ **B. Balcı :** Vous avez raison de mentionner ces trois pays, mais leur décision de papier, entérinant le blocage mortifère de la Syrie dans la guerre civile, est partie à la corbeille, par la déflagration de la riposte israélienne dans le conflit israélo-palestinien. En bombardant massivement les forces iraniennes propalestiniennes, et parallèlement pro-Bachar, Israël a indirectement contribué au succès du HTC sur Damas. Aussi, le premier gagnant régional est bien Israël, qui s'est débarrassé du régime d'al-Assad, suppôt de la République islamique d'Iran, ennemi d'Israël. Pour le moment, le nouveau pouvoir du HTC à Damas s'est clairement affirmé contre la présence de l'Iran dans la nouvelle Syrie. N'oublions pas que l'élimination d'Hassan Nasrallah par Israël a été saluée avec joie par la rébellion syrienne, première victime, lourdement endeuillée, de l'alliance entre le Hezbollah et al-Assad pendant toute la guerre. Pourtant, Israël a agi de manière radicale et peu amicale envers le nouveau pouvoir à Damas puisque, par mesure de prévention, il a détruit toutes les infrastructures militaires du pays, rendant encore plus difficile le travail de reconstruction. Cette situation laisse entrevoir que les futures relations syro-israéliennes pourraient souffrir davantage de l'extrémisme jusqu'au-boutiste au pouvoir à Tel Aviv, plutôt que le contraire.

« ***L'autre gagnante de la révolution syrienne est la Turquie voisine*** »

L'autre gagnante de la révolution syrienne est la Turquie voisine. Erdoğan est resté allié et proche de Bachar al-Assad jusqu'en 2011, quand celui-ci, resté sourd aux revendications de réformes démocratiques, a fait sombrer son pays dans la barbarie. La Turquie a alors accueilli des millions de réfugiés et accordé son aide à la résistance de l'ANS. Aujourd'hui, Ankara va en quelque sorte récolter les fruits de ce grand engagement de soutien direct à l'ANS et indirect au HTC. Les relations avec ce dernier n'ont pas toujours été des meilleures, Ankara considérant ce groupe rebelle comme une organisation strictement terroriste. Mais elle a été contrainte de s'en accommoder sur le terrain pour contenir l'élément kurde, sécuriser sa frontière et soutenir l'ANS. En effet, tenue par les accords d'Astana signés avec la Russie et l'Iran, la Turquie devait défendre malgré elle la poche d'Idlib contre les attaques d'al-Assad pour éviter que ne déferlent chez elle de nouvelles vagues de réfugiés. Bien que mauvaises, ces relations étaient bien réelles, en termes de renseignement notamment. En outre, depuis quelques mois déjà, Ankara avait multiplié les contacts avec al-Joulani, pour faire pression sur al-Assad et l'obliger à négocier. Aujourd'hui, la Turquie affirme ne pas avoir cru en la capacité de al-Joulani à renverser al-Assad, mais maintenant elle s'en réjouit et se félicite de pouvoir nouer de bonnes relations avec le nouveau pouvoir à Damas. Symboliquement, dès la chute d'al-Assad, deux figures centrales du pouvoir turc, Hakan Fidan et Ibrahim Kalın, sont venus prier, avec al-Joulani, à la mosquée des Omeyyades.

Quant à l'ANS, cette structure complètement soumise à la Turquie a participé à la prise de Damas mais elle reste dans l'ombre du HTC. Composée de plusieurs groupements rebelles, elle est financée, équipée et armée par la Turquie. Ankara lui a confié la gestion de certains territoires syriens où elle est intervenue militairement à plusieurs reprises pour y contenir le Parti des travailleurs du Kurdistan (PKK) ou le groupe État islamique. C'est que la frontière turco-syrienne est très longue et la Turquie abrite plus de trois millions de réfugiés syriens. À ces éléments structurels et conjoncturels s'ajoute une appartenance commune à un islam sunnite, plutôt conservateur, qui devrait favoriser l'établissement de relations cordiales.

« C'est l'image même de l'Iran qui est écornée dans toute la région »

Pour ce qui est des perdants, la Russie et l'Iran, leur recul en Syrie sur le terrain est incontestable. Maintenant, concernant la Russie, une question se pose : le soutien russe avorté à un dictateur ni fiable ni défendable aura-t-il des retentissements au-delà de la Syrie ? Dans le Caucase, en Asie centrale ou en Afrique, cet échec de l'influence russe peut-il briser le mur de cyberdésinformation anti-occidental ?

Enfin, l'échec le plus notable est sans doute celui de l'Iran. Allié du régime d'al-Assad depuis plusieurs décennies, l'Iran perd le lien territorial qu'il avait réussi à établir avec le Liban et le Hezbollah au Liban par le territoire syrien. Comme pour la Russie, l'échec aura un écho au-delà des frontières syriennes car, de fait, l'Iran sera moins en mesure d'inquiéter la sécurité d'Israël. C'est l'image même de l'Iran qui est écornée dans toute la région, y compris en Iran où la contestation politique et sociale interne pourrait s'emparer de ce revers sur la scène internationale pour contester le régime répressif.

En Occident et plus particulièrement en France, on a un regard très sympathique vis-à-vis des Kurdes, notamment pour leur rôle dans la lutte contre Daech. Quelle va être leur place dans la nouvelle Syrie et comment la Turquie, qui est en bonne entente avec le nouveau pouvoir, va-t-elle gérer cette question ?

B. Balcı : Un bref retour sur le fait kurde en Syrie s'impose pour mieux comprendre l'enjeu actuel pour cette communauté qui forme 10 % de la population. Installés de très longue date dans le pays, les Kurdes n'ont jamais bénéficié du moindre droit sous le pouvoir des al-Assad père et fils. Une partie de cette communauté n'avait même pas d'existence légale, c'est-à-dire ne disposait même pas de carte d'identité. Dans ses multiples différends avec la Turquie, Hafez al-Assad a toujours instrumentalisé la cause kurde contre Ankara. Ainsi, il a activement soutenu le PKK qui a pu disposer de camps d'entraînement dans la plaine de la Bekaa, sous contrôle syrien dans les années 1980 et 1990, et dont le *leader* Abdullah Öcalan et ses proches collaborateurs résidaient dans la banlieue de Damas sous la protection des services de renseignement syriens. C'est donc essentiellement depuis la Syrie qu'était menée la guérilla terroriste du PKK en Turquie, à cette époque. Excédée par ce soutien syrien au PKK contre sa sécurité et son intégrité, la Turquie a menacé d'intervenir en 1998 contre la Syrie. Elle a été obligée de rompre avec le PKK, dont elle a expulsé le *leader*. Ce dernier fut arrêté après une longue cavale par la Turquie où il est toujours emprisonné. Cette rupture entre le PKK et Damas a permis une embellie dans les relations entre la Turquie et la Syrie, entre 2000 et 2011, jusqu'aux Printemps arabes. La guerre civile a brisé cet élan, la Turquie soutenant la rébellion. Bachar al-Assad, en difficulté, a réactivé la carte kurde contre la Turquie pour la punir de son soutien au processus révolutionnaire. Il a laissé le PKK prendre le contrôle de certaines régions frontalières avec la Turquie, où il avait visiblement maintenu des liens malgré son expulsion en 1998. Le positionnement des forces kurdes dans la rébellion contre le pouvoir central d'al-Assad a évolué dans le temps au cours de la dégradation de la révolte en guerre civile. En 2011, la plupart des partis et associations kurdes de Syrie étaient favorables à la révolution syrienne. Mais assez vite, le PKK, constitué de militants kurdes de Turquie, a pris le dessus et imposé sa ligne de conduite. Or le PKK a un agenda particulier contre la Turquie, qui a fait basculer les Kurdes de Syrie vers une forme de compromis avec le régime d'al-Assad, pour le contrôle de territoires au-delà de leurs attentes. En parallèle, avec l'émergence de la terreur de l'État islamique, les Occidentaux ont fait le choix de s'appuyer sur les Kurdes et non sur les rebelles modérés syriens, pour combattre le djihadisme en Syrie et jusque dans ses ramifications en Europe. Soutenus par les Occidentaux, les Kurdes de Syrie dominés par le PKK ont activement combattu Daech mais, en même temps, établi leur contrôle sur un vaste territoire, au-delà même de la zone de peuplement kurde. De plus, depuis cette zone devenue sa base arrière, le PKK a multiplié les attaques contre la Turquie. Une décennie plus tard, les Kurdes de Syrie souhaitent conserver cette autonomie de fait et pourraient se mobiliser pour *a minima* garantir ce statut dans la nouvelle donne nationale syrienne.

Or, une construction fédérale, reconnaissant une autonomie kurde, a peu de chances de voir le jour, dans la mesure où le nouveau pouvoir de transition a expressément affirmé le souhait d'une Syrie unitaire. En outre, aucune expérience de ce type dans l'histoire moderne syrienne n'a jamais éclos.

Une autre option, plus réaliste et pragmatique, serait de reconnaître des droits culturels et linguistiques à toutes les composantes de la société. C'est une option que les Kurdes eux-mêmes semblent privilégier. Leur autonomie de fait pendant la guerre ne tenait artificiellement que par la faiblesse du pouvoir central et par le ralliement des tribus arabes au nom de la lutte contre al-Assad. Désormais, le nouveau pouvoir, restaurant l'autorité de l'État sur l'ensemble du territoire, avec le soutien de la majorité arabe sunnite, renvoie les Kurdes à leur réalité minoritaire. L'octroi de droits serait une garantie.

Du point de vue de la Turquie, ce qui embarrasse le plus le gouvernement turc dans le fait kurde en Syrie n'est pas tant le fait qu'une entité autonome voie le jour, mais c'est plutôt que cette autonomie soit sous le contrôle du PKK qu'elle combat sur son sol depuis quarante ans. Or, l'évolution actuelle de la question kurde en Turquie autorise un certain optimisme. Mesurant les impacts régionaux de la guerre par Israël en Palestine, la Turquie a entamé, dès octobre 2024, un nouveau processus de dialogue pour le règlement de la question kurde en Turquie. Concrètement, le but est de libérer le *leader* historique du PKK, Abdullah Öcalan, pour renoncer à la lutte armée, en échange de l'octroi de nouveaux droits aux Kurdes de Turquie. Ce faisant, la Turquie accepterait d'assouplir sa position sur le fait kurde en Syrie, garantissant que la minorité ne serait ni écrasée ni marginalisée. Une condition subsiste : l'octroi de droits s'accompagnerait de la dissolution et du désarmement des milices armées kurdes ou de leur intégration dans la nouvelle armée syrienne.

Quelles sont les implications de ce changement de pouvoir en Syrie pour l'Europe ? Comment devraient se comporter selon vous les Européens, qu'on voit un peu réticents à établir des relations avec le nouveau pouvoir ?

■ **B. Balcı :** Comme on pouvait s'y attendre, les premiers États à avoir noué des liens avec le nouveau pouvoir à Damas, en rouvrant même leurs ambassades, furent la Turquie et le Qatar, principaux soutiens aux différentes forces qui ont fait tomber al-Assad. Logiquement, des relations bilatérales fortes devraient découler de cet engagement et de cette fidélité historique.

Du côté des Européens, la prudence reste de mise. Notons, en tout premier lieu, que l'Europe n'avance pas unie. Tous les Européens ne sont pas concernés au même degré par la situation en Syrie. La France et l'Allemagne, comme moteurs de l'Europe, y ont un intérêt particulier mais différent. L'Allemagne a accueilli un million de réfugiés syriens. La France est l'ancienne puissance mandataire en Syrie et s'inquiète surtout du nombre et du sort préoccupant des djihadistes volontaires français partis grossir les rangs de Daech et d'autres mouvances islamistes, dont la présence en Syrie avec leurs familles pose problème.

> « *Tous les Européens ne sont pas concernés au même degré par la situation en Syrie* »

Sur un plan plus géostratégique, l'Europe préfère jouer l'attentisme et énonce des conditions préalables à toute reconnaissance du nouveau pouvoir et à la levée des sanctions imposées au régime d'al-Assad. Parmi ces conditions figure l'importance de la mise en place d'un pouvoir inclusif, qui associerait toutes les minorités ethniques et religieuses, notamment les chrétiens, les alaouites et les Kurdes, et qui garantirait l'unité de la société et du pays. Toutefois, aussi pertinente soit cette recommandation, l'Europe, douloureusement silencieuse dans les heures noires de la guerre, n'a pas les moyens d'exiger davantage au risque de se faire taxer d'ingérence ou de néocolonialisme. Certains Syriens n'ont pas oublié l'abandon de 2013, quand Européens et Américains sont restés passifs face à l'usage par le régime d'al-Assad d'armes chimiques contre son propre peuple, franchissant la ligne rouge qu'eux-mêmes avaient fixée pour intervenir au nom de l'absolu humanitaire. Leur ressentiment bute contre la logique des intérêts occidentaux de l'époque, dans laquelle l'ennemi n'était plus al-Assad mais Daech et la menace terroriste sur notre sol, effaçant d'un trait les crimes bien plus barbares et sanguinaires perpétrés pendant plus de dix ans sur tout un peuple.

La construction d'une nouvelle Syrie ne pourra se faire que *par* les Syriens, *par tous* les Syriens et *pour* les Syriens. Entre injonctions extérieures et tensions internes radicalement divergentes, la mission s'annonce plus que difficile. Le mieux que l'on puisse faire serait d'accompagner sans juger, de soutenir sans imposer et de coopérer sans exploiter.

Propos recueillis par François EUVÉ.

RETOUR DES SOVIÉTISMES DANS LA RUSSIE DE POUTINE

Alexis BERELOWITCH

Le pouvoir russe actuel réprime de nouveau toute critique, fait la chasse aux opposants, emprisonne et censure. Il impose une unanimité de façade par un discours ultranationaliste. La population semble ou y adhérer ou subir en silence. S'agit-il d'un nouvel État totalitaire ou plutôt d'un retour de composantes du régime soviétique, jamais disparues mais justes latentes et restées ancrées dans la mémoire collective.

Quand, au cours du VIIIe congrès du parti Russie unie en 2007, l'ouvrière du textile Elena Lapchina, de la ville d'Ivanovo, appela Vladimir Vladimirovitch [Poutine], au nom de tous les simples gens, à rester Président pour un troisième mandat, tous les Russes d'un certain âge eurent une impression forte de « déjà-vu » et se rappelèrent le temps pas si lointain quand de vaillants mineurs, de braves tisserandes et de méritantes vachères parlaient du haut des tribunes au nom du peuple soviétique. Cette impression de retour des « soviétismes », du « *sovok* » en argot russe contemporain, visite de plus en plus souvent l'observateur de la Russie contemporaine. Il serait fastidieux de les décrire un à un, depuis les recréations d'organisations de jeunesse jusqu'à celle des commissaires politiques dans l'armée en passant par les manuels uniques dans les écoles, les votes à l'unanimité et les prisonniers politiques.

En m'arrêtant sur certains d'entre eux, je voudrais essayer de comprendre à quoi ils correspondent. Est-ce, comme le pensent des analystes, le plus souvent des opposants russes, les preuves que le régime poutinien est un retour du totalitarisme soviétique ? ou bien des réponses classiques d'un régime personnel ultra-autoritaire aux difficultés auxquelles il se heurte ? ou encore le recours, quasi automatique, à des pratiques que les dirigeants actuels, sexagénaires, ont acquises à l'époque soviétique ? Je laisserai de côté le « soviétisme » le plus lourd, à savoir l'invasion de l'Ukraine où on peut voir la répétition de la politique expansionniste de l'URSS. Le problème est trop important et ne peut être traité, selon moi, dans le cadre de cet article aux ambitions plus limitées.

Un besoin idéologique

Un exemple de soviétisme, en l'espèce plutôt divertissant, nous est donné par la tisserande hautement qualifiée évoquée plus haut. Pour montrer à la fois l'aspiration populaire à garder Poutine comme président, la volonté de ce dernier de respecter la Constitution (de l'époque) et ne pas se représenter pour un troisième mandat, tout en préparant son maintien au pouvoir en tant que Premier ministre (la « roque » de 2008 quand Vladimir Poutine et Dmitri Medvedev échangèrent une première fois leurs places respectives), une voix venant du peuple, non officielle mais exprimant la volonté populaire, fut la solution qui s'inspirait d'une longue tradition soviétique de la mise en scène du lien direct du « peuple » avec son *leader* et l'amour du peuple pour celui-ci. Les inventeurs de cette mise en scène pouvaient estimer que, reprenant ce classique de l'époque soviétique, ils pourraient éveiller, dans la mémoire collective des Russes, des souvenirs ou des émotions qui auraient sur les téléspectateurs un effet positif. En l'occurrence, il semblerait que la réaction dans le public fût plutôt ironique, du moins sur les réseaux sociaux. Ce recours au passé, estimé valorisant, et aux « soviétismes » est fréquent chez les spécialistes de la communication, avec des effets peu évidents. Ainsi nomma-t-on le mouvement de jeunesse auprès du parti Russie unie « Jeune Garde », nom que portait un groupe de jeunes luttant contre l'occupation nazie et glorifié dans un roman célèbre d'Alexandre Fadeïev. Ou encore, quand, dans le but de relever le moral des troupes engagées dans la guerre contre l'Ukraine, la Direction militaro-politique des forces armées russes lança une revue en mai 2024, elle la baptisa *Politruk*, autrement dit le nom qu'on donnait aux commissaires politiques dans l'armée soviétique, nom qui s'associe avant tout à la période stalinienne et à la Grande Guerre patriotique. Dans ce dernier cas, bien sûr, est mobilisé ce *topos* incontournable de la propagande poutinienne que sont la Grande guerre patriotique et la victoire de 1945.

Si les emprunts directs à l'idéologie soviétique (uniquement dans sa composante nationaliste bien évidemment, les éléments socialistes qui y subsistaient ont été radicalement oubliés) sont malgré tout relativement peu courants, le besoin d'une idéologie, à l'instar de ce qu'avait connu l'Union soviétique, est maintenant devenu une évidence pour toute l'élite dirigeante. Lors du « forum philosophique » de septembre 2024 intitulé « Le sens de la Russie », Piotr Tolstoï, adjoint du président de la Douma et un des principaux propagandistes du régime, a déclaré : « Le front philosophique est aussi important que le front [militaire] réel. Je suis convaincu que la Russie ne peut exister sans une idée. Sans idéologie, on ne peut construire un État, une civilisation. » Rappelons au passage que ces élèves récents d'Arnold Toynbee ont décidé que la Russie était un « État-civilisation », ce qui n'est qu'un nouvel avatar de la Russie au destin particulier, depuis la Troisième Rome en passant par le socialisme réel.

« Le besoin d'une idéologie est maintenant devenu une évidence pour toute l'élite dirigeante »

Quand en 1993, après l'écrasement du Soviet suprême, est rédigée une mouture de la Constitution garantissant au Président (Boris Eltsine, à l'époque) d'énormes pouvoirs que Poutine utilisa pleinement par la suite, les rédacteurs, dans l'esprit de l'époque, prirent soin d'en finir avec un des piliers du régime soviétique : l'idéologie officielle, omniprésente et étouffante : « Article 13 : 1. La diversité idéologique est reconnue dans la Fédération de Russie ; 2. Aucune idéologie ne peut être établie comme idéologie étatique ou obligatoire. »

Mais rapidement, le pouvoir en place ressentit un manque et, dès 1997, l'administration du Président lance, à la suite d'une affirmation d'Eltsine, une discussion dans la presse sur « une idée pour la Russie », devant donner à la Russie une « idée nationale », ce qui est normal dans toute société selon les auteurs. Le projet avorta, après la publication d'un recueil des premières propositions. Durant toutes les années 2000, on assista à des tâtonnements dans l'élaboration d'une idéologie officielle, recombinant les divers éléments des discours nationalistes, avec un rôle central donné à l'histoire russe et la Grande Guerre patriotique, mais aussi à la Russie comme civilisation, à la spiritualité russe…

Si l'idéologie officielle se renforce peu à peu au cours des années 2000, elle ne prétend pas encore occuper la totalité de l'espace public et se contente provisoirement de l'indifférence d'une majorité de Russes à l'égard de tous les discours. Malgré de grandes différences et l'existence encore tolérée de quelques organisations et *mass media* opposés au pouvoir ou distanciés à son égard, on peut trouver une certaine analogie entre cette période et l'époque soviétique tardive quand le pouvoir se satisfaisait de l'absence d'opposition, ne cherchait plus vraiment à contrôler les esprits et acceptait dans les faits l'indifférence de la population, pourvu que soient respectés les rituels.

Le processus s'accélère dans les années 2010 et tout particulièrement après l'annexion de la Crimée en 2014. Dès 2012, la Douma adopte la loi sur les « agents de l'étranger », selon laquelle toutes les organisations non gouvernementales touchant de l'argent de l'étranger (si minime et occasionnelle que fût la somme) et s'occupant de politique (dans un sens très extensif) devaient l'inscrire sur tous leurs supports et matériaux. Cette obligation, strictement contrôlée, permettait de harceler les organisations que le pouvoir jugeait dangereuses pour lui. Ainsi l'organisation Memorial fut finalement dissoute sous ce prétexte. La loi sur les « agents de l'étranger », dont l'intitulé renvoyait déjà plus aux années staliniennes qu'aux années de Léonid Brejnev, fut étendue en 2018 aux personnes physiques. Cette loi, associée à la création du statut d'organisation non désirée pour les organisations internationales, reconstruit une barrière autour de la Russie, rétablit l'isolement qu'avait connu l'Union soviétique, renforcé et même exalté par un discours officiel sur lequel je reviendrai.

Peur et dénonciations

L'invasion de l'Ukraine par la Russie en février 2022 et la guerre à grande échelle qui s'ensuivit fit franchir un nouveau pas, décisif, dans la construction d'une idéologie officielle omniprésente, interdisant tout autre discours. La loi sur les « infox » (*fake news*), qui permet de condamner à de lourdes amendes et des peines d'emprisonnement toute personne qui met en doute le discours officiel, a enrichi le dispositif répressif et fait taire quasiment toute voix dissidente. Les opposants, à de rares et héroïques exceptions près, se taisent ou prennent la voie de l'exil, tout comme les quelques *mass media*, journaux, radio, télévision sur Internet… La répression n'atteint certes pas le niveau de l'époque stalinienne mais peut être comparée à celle des années 1970. Des personnes sont condamnées pour un *post* ou un *repost* sur Internet critiquant la guerre. Le simple emploi du mot « guerre » au lieu de l'officiel « opération militaire spéciale » est assimilé à une *fake news* et, à ce titre, considéré comme délictueux. La répression provoque deux réactions caractéristiques de l'époque soviétique : la peur et les dénonciations.

> **« La répression provoque deux réactions de l'époque soviétique : la peur et les dénonciations »**

La peur – peur de l'État capable de tous les arbitraires, peur empêchant de parler ouvertement sauf dans son petit cercle, peur si souvent décrite dans la littérature sur les années staliniennes – est revenue. Elle était encore présente dans les années 1980, sous une forme atténuée, et semblait disparaître peu à peu dans les années 1990. Mais la facilité avec laquelle elle s'est réinstallée incite à croire qu'elle n'était qu'enfouie et que les répressions ont rapidement réactivé des peurs anciennes. Il s'agirait donc là plus d'une continuité que d'une réapparition ou, si l'on veut, de la réactivation d'une peur latente, inculquée par les terreurs successives, et en premier lieu la Grande Terreur de 1937. Les répressions systématiques éveillent une autre pratique de l'époque soviétique, à savoir la dénonciation par les citoyens loyaux des comportements déviants, essentiellement les manifestations de doutes sur la légitimité de la guerre contre l'Ukraine ou même les expressions de son désir de voir advenir une paix rapide. La différence, en pire, par rapport à l'époque soviétique des années poststaliniennes porte sur les auteurs des dénonciations. Ainsi, on a vu des directeurs d'école dénoncer des enseignants, des enseignants dénoncer leurs élèves et réciproquement des élèves dénoncer leurs enseignants pour des paroles « imprudentes ». Il semblerait, mais les statistiques manquent bien évidemment sur le sujet, que les dénonciations soient plus massives et révèlent une forte adhésion à la propagande et à la politique ultranationalistes du pouvoir en place, une adhésion bien plus forte que l'acceptation résignée de l'idéologie officielle à l'époque soviétique.

Ainsi, l'affaire de la pièce de théâtre *Finist, le clair faucon* (*Finist-Iasny sokol*) de l'autrice Svetlana Petriïtchouk commence par une dénonciation. En 2022, la metteuse en scène Evguénia Berkovitch monte cette pièce dans laquelle des femmes veulent partir en Syrie épouser des combattants du djihad. Elle ne contient aucune apologie ou même justification de l'islamisme radical. D'ailleurs, la pièce non seulement n'est pas attaquée mais reçoit le prix le plus prestigieux du théâtre russe : le Masque d'or. C'est alors qu'un obscur acteur de Nijni Novgorod dénonce dans un *post* le caractère « russophobe » de la pièce qui porte atteinte à ses sentiments patriotiques. Ce qui se passe ensuite est un enchaînement de lâchetés et de peurs (peur de perdre son poste où même uniquement de voir sa carrière ralentie). Le Comité d'enquête ouvre une instruction pour apologie du terrorisme. Un premier tribunal place les deux jeunes femmes en détention provisoire. Et, après des expertises du texte (une expertise est notamment effectuée par un spécialiste en « destructologie » [*sic*]) dont l'absurdité explose au moment du procès, le tribunal condamne finalement les deux accusées à six ans de détention pour justification du terrorisme. Laissant de côté la monstruosité inhumaine de la condamnation, il est frappant de voir que personne, dans l'appareil judiciaire, n'a osé s'opposer à une condamnation par peur d'être accusé de manque de patriotisme et de vigilance dans la défense des intérêts de l'État. Ajoutons que s'il y eut des mouvements de soutien aux deux victimes du régime, ils furent assez limités.

> **« *S'est mise en route la forme la plus efficace et la plus insidieuse de la censure : l'autocensure* »**

Censure et autocensure

La mise en place définitive d'un discours officiel obligatoire et la répression envers ceux qui s'y opposent (comme à l'époque soviétique tardive, on peut encore se réfugier dans le silence ou évoquer seulement les sujets qui ne fâchent pas) ont fait renaître une institution – la censure – et, en réponse, les diverses manières de la contourner. La censure qui sévit durant des décennies fut, comme on le sait, mise à mal par la perestroïka et la politique de la glasnost ; elle fut officiellement supprimée en 1990, avant même la fin de l'URSS. Sans être réintroduite légalement, son existence est devenue évidente et, afin d'éviter interdiction ou liquidation, les médias, éditeurs et auteurs savent respecter les lignes rouges, qu'il s'agisse de la guerre contre l'Ukraine, des droits des LGBTQIA+, de la guerre de 1941-1945… Autrement dit, s'est mise en route la forme la plus efficace et la plus insidieuse de la censure : l'autocensure. Très logiquement, le discours officiel et la censure ont entraîné le « nettoyage » des bibliothèques et donc la réactivation des « réserves spéciales » (les « enfers »), supprimées en 1990. Ainsi le recteur de l'Université européenne de Saint-Pétersbourg, un des établissements symboles de l'ouverture de la Russie dans les années 1990, raconte dans un entretien de juin 2024 que, parmi les infractions relevées lors d'un contrôle effectué par le Parquet, il y avait la présence de livres interdits « édités il y a plus de vingt ans » : « Nous les avions déjà relégués dans les réserves spéciales, *nous rappelant l'expérience soviétique* […], mais nous les avions gardés dans les catalogues et n'avions pas pris un arrêté concernant la création de la "réserve spéciale". »

Les contournements, conséquence de la censure, consistent essentiellement à la dissimulation du sens véritable par un discours apparemment anodin. On n'a pas encore, comme il en existait à l'époque soviétique, des œuvres littéraires écrites en « langue d'Ésope », mais plutôt, et c'est nouveau, des affichettes dans la rue ou des images sur Internet qui permettent d'affirmer son opposition à la guerre sans trop de risques. Cette action peut prendre dans certains cas la forme du sarcasme, comme la représentation d'un volume des œuvres de Léon Tolstoï ayant pour titre *Opération militaire spéciale et paix*, soulignant ainsi que le mot « guerre » est désormais interdit. Il peut s'agir d'une pancarte signifiant le refus de la guerre de la part de son porteur, grâce à une succession d'astérisques « *** ***** », où chaque astérisque représente une lettre, qui se lit « *Net vojne* » (« Non à la guerre »). Je ne peux ici citer tous les cas de ces « armes du faible », pour reprendre la formule de James C. Scott.

Une obsession historique

On peut certes voir uniquement dans cette politique les pratiques banales de tout régime autoritaire faisant taire toute opposition et imposant un discours obligatoire : dans ce cas, il n'y aurait aucune spécificité russe au regard de son héritage soviétique. Il me semble néanmoins que tel n'est pas le cas. Du côté du pouvoir, l'attention portée à l'idéologie et le rôle central accordé en son sein à l'histoire, la volonté d'un endoctrinement de la population et la disposition de cette dernière à jouer le jeu (comme si tous connaissaient déjà une partition qu'il suffisait de rejouer) plaident pour une filiation soviétique.

D'autres ont déjà décrit la construction d'un récit historique par Poutine. Cette obsession historique, dont on ne saurait surestimer l'importance dans la politique actuelle de la Russie et dans l'invasion de l'Ukraine, rappelle l'attention portée par les idéologues soviétiques, Joseph Staline en tête, à la réécriture de l'histoire de la Russie ou de l'URSS, « pays au passé imprévisible », selon une vieille blague. Je me contenterai d'énumérer brièvement ici quelques mesures prises au cours des dernières années pour « défendre les valeurs traditionnelles », inculquer la « véritable » histoire de l'État russe et faire des jeunes de véritables patriotes :

- Le Président promulgue un décret en 2020 sur les buts nationaux du développement de la Russie jusqu'en 2030, qui prévoit de « créer d'ici 2030 les conditions pour éduquer des personnes harmonieusement développées, patriotiques et socialement responsables sur la base des valeurs moralo-spirituelles, ainsi que des valeurs historico-culturelles de la Russie ».
- Le décret du Président de juillet 2021, intitulé « Stratégie de la sécurité nationale de la Fédération de Russie », comporte un chapitre sur « La protection des valeurs moralo-spirituelles de la Russie et de sa mémoire historique ». Son article 85 indique que « sont de plus en plus menacées de destruction les normes morales et culturelles de base, l'institution du mariage, les valeurs familiales ». Son article 87 affirme que « les valeurs moralo-spirituelles et historico-culturelles sont soumises à des attaques de la part des États-Unis et de leurs alliés ».
- À partir de septembre 2023, sur injonction du Président, un cours pour tous les étudiants, intitulé « Les fondements de l'État russe », est institué et comporte cinq orientations : « Qu'est-ce que la Russie ? », « La Russie État-civilisation », « La vision du monde par la Russie et les valeurs de sa civilisation » ; « L'organisation politique de la Russie » ; « Les défis du futur et le développement de la Russie ».
- Un cours « Parlons de l'important » est instauré en 2024 dans toutes les écoles élémentaires et secondaires, durant lequel les élèves « font connaissance des dates et des événements importants du pays, discutent du patriotisme, des valeurs et de l'amour pour la patrie ».
- Une préparation militaire est introduite dans les dernières classes du secondaire.

Les cours obligatoires pour *tous* les étudiants rappellent, bien sûr, les cours obligatoires de marxisme-léninisme de l'époque soviétique. Nous retrouvons ici, avec d'autres mesures, la volonté de faire entrer coûte que coûte l'idéologie officielle dans les têtes des jeunes, révélant la crainte de voir ces jeunes corrompus par les idéologies et modes de vie occidentaux et leurs valeurs perverties.

La Russie contre l'« Occident collectif »

Car, selon cette doctrine, « l'Occident collectif » cherche à imposer aux autres ses fausses valeurs. En octobre 2022, au forum annuel du club Valdaï, Poutine dénonce cette volonté occidentale : « Si les élites occidentales supposent qu'elles pourront inculquer dans les consciences de leurs populations et de leurs sociétés les tendances étranges mais à la mode comme les dizaines de genres ou les *Gay Pride*, cela les regarde. Qu'elles fassent ce qu'elles veulent mais elles n'ont pas le droit d'exiger des autres de suivre leur voie [...], ce sont les sociétés traditionnelles de l'Orient, de l'Amérique latine, de l'Afrique, de l'Eurasie qui constituent le fondement de la civilisation mondiale. » Le ton devient plus agressif concernant l'Ukraine quand Poutine accuse l'Occident et spécialement les États-Unis d'avoir transformé l'Ukraine en tête de pont d'une offensive contre la Russie et de mener par l'intermédiaire de l'Ukraine la guerre contre la Russie dans le but de la démembrer et de s'approprier ses richesses. Selon cette interprétation, « l'opération militaire spéciale » est à la fois une guerre défensive face à l'OTAN et une guerre libératrice pour les régions de l'Ukraine annexées. Ainsi, à l'occasion du deuxième anniversaire des annexions, Poutine déclare que l'Occident, en transformant l'Ukraine en tête de pont contre la Russie, a pour cibles non seulement le Donbass mais aussi d'autres régions de la Russie : « Les événements ont confirmé le caractère indispensable de l'opération militaire spéciale, son caractère libérateur [...]. Nous n'avons pas abandonné nos frères et nos sœurs. »

« La Russie-URSS est à la tête de ceux qui s'opposent à l'hégémonie occidentale »

Là encore, ce n'est pas la première fois qu'un pays au régime autoritaire attribue tous ses maux à de mystérieuses forces étrangères, ni qu'un pays agresseur cherche à se donner l'image de la victime agressée, mais nous voyons ici une reprise précise des argumentaires soviétiques. L'opposition entre la Russie et l'Occident reprend l'opposition entre l'URSS et l'Occident, à ceci près que l'opposition entre capitalisme et socialisme a cédé la place à l'opposition entre défenseur des valeurs traditionnelles et ceux qui les ont abandonnées. Mais, dans les deux cas, la Russie-URSS est à la tête de ceux qui s'opposent à l'hégémonie occidentale. Et, de même, l'argument selon lequel l'invasion de l'Ukraine était une mesure défensive rappelle furieusement que l'entrée des forces armées du « pacte de Varsovie » en Tchécoslovaquie n'avait prétendument précédé que de vingt-quatre heures les troupes de l'OTAN. Quant à la libération des « frères et sœurs » proclamée par Poutine, elle rappelle le discours de Viatcheslav Molotov en 1939 quand l'Armée rouge entra en Pologne pour « libérer nos frères et sœurs de sang de l'oppression des seigneurs polonais ».

L'unanimité

Quelques jours avant l'invasion de l'Ukraine, la télévision russe montra une séance du Conseil de sécurité, où un seul des membres, Sergueï Narychkine, le chef des services de renseignements, s'interrogeait sur la possibilité de continuer les négociations. Le dialogue qui suivit est riche d'enseignement.

> « *Poutine : Dites [les choses] directement !*
> *Narychkine : Je soutiendrai la proposition d'accorder l'indépendance.*
> *Poutine : "Je soutiendrai" ou bien "je soutiens", dites les choses clairement, Sergueï Evguenievitch !*
> *Narychkine : Je soutiens […].*
> *Poutine : Dites-le : oui ou non ?*
> *Narychkine : Oui, je soutiens la reconnaissance de l'indépendance. […]*
> *Poutine : Bien, asseyez-vous, s'il vous plaît.* »

L'humiliation publique d'un des plus hauts dignitaires du régime, destinée à montrer à tout le pays qui est le chef absolu et non un simple Président, un *primus inter pares*, évoque plus l'époque de Staline que les réunions du Bureau politique de l'époque brejnévienne quand les décisions étaient discutées et rencontraient des opinions contraires comme la décision d'intervenir en Afghanistan en 1979. Mais la transmission de la réunion du Conseil de sécurité devait également démontrer qu'il ne pouvait y avoir, au mot près, qu'une seule position, définie par Poutine, et que la règle absolue était l'unanimité.

L'unanimité, on le sait, était le trait distinctif des votes du Soviet suprême et des autres instances politiques de l'Union soviétique. Elle fut mise à mal lors de la perestroïka et les luttes, y compris violentes, devinrent la règle. Mais, dès les années 2000, on vit réapparaître les votes unanimes et je me souviens encore du journaliste annonçant avec jubilation (feinte ou réelle ?) un vote unanime au Congrès du parti gouvernemental. Peu à peu les votes unanimes gagnèrent du terrain pour devenir la règle depuis, me semble-t-il, le milieu des années 2010, dans toutes les instances politiques, que ce soit la Douma de Russie, les Doumas régionales, le Conseil de la Fédération, etc. Par exemple, en novembre 2011, Poutine est élu à l'unanimité comme candidat à la présidence par le XIIe congrès de Russie unie ; en janvier 2020, la Douma d'État soutient à l'unanimité les propositions du Président portant sur des modifications de la Constitution ; en février 2023, la même Douma d'État adopte à l'unanimité le projet de loi sur la bonification des terres ; en 2024, la Douma régionale de la région de Toula adopte à l'unanimité la proposition de créer une nouvelle décoration pour les combattants de l'opération militaire spéciale. Et ainsi à l'infini…

« L'idée d'une communauté nationale une et homogène comme une valeur fondamentale »

L'exigence de l'unanimité, qu'on trouve dans les régimes totalitaires et les régimes autoritaires les plus radicaux, n'est donc pas, là encore, l'apanage de la Russie d'aujourd'hui. Mais, là aussi, le retour à cette pratique comme à une norme, qu'on aurait malencontreusement oubliée pendant quelques années, nous renvoie aux années du socialisme réel. « Le Parti et le peuple ne font qu'un », disait un des slogans les plus populaires de l'époque soviétique ; « Russie unie » (en fait, la traduction exacte serait « La Russie une ») est le nom du parti de Poutine. On retrouve l'idée d'une communauté nationale une et homogène comme une valeur fondamentale ; la diversification, les oppositions, les compromis et la tolérance sont alors perçus comme des faiblesses mettant en danger l'État. La société, étant ramenée à une communauté fermée (ce que fut l'URSS et est à nouveau la Russie de Poutine), perçoit tout étranger à cette communauté comme un danger qu'il faut exclure s'il s'y est immiscé : de là viennent l'appellation « agents de l'étranger » et les exclamations « Bon débarras ! » adressées aux Russes qui quittèrent la Russie après le 24 février 2022. Il faut mettre des barrières entre l'étranger et la communauté s'il lui est extérieur, cette idée expliquant les expulsions des organisations internationales, les limitations maximales des contacts entre chercheurs russes et étrangers, la création du statut d'organisation indésirable…

Déjà, dès les années 1990, lors de l'affrontement entre le Président (Boris Eltsine, à l'époque) et le Soviet suprême, transparaissaient l'incompréhension et la négation assumée de la multiplicité des pouvoirs comme fondements de la démocratie de la part des nouvelles, des anciennes et des nouvelles anciennes élites. Depuis, le Parlement est devenu une chambre d'enregistrement et la justice s'est mise aux ordres du pouvoir, quand elle ne fait pas des excès de zèle cherchant à souligner son allégeance au détenteur unique du pouvoir. Pour le dire plus brutalement, la démocratie n'a eu qu'une très fugace existence en Russie et ce qui avait pu apparaître à des optimistes (ou des naïfs, c'est selon), dont je fus, comme le début d'une nouvelle ère dans l'histoire de la Russie n'était qu'un bref interlude entre un système autoritaire et un autre qui a su garder ou retrouver bien des traits de l'ancien.

Alexis BERELOWITCH

International

CHRONIQUE

de Thomas Gomart

Directeur de l'Institut français
des relations internationales (Ifri).

Les premiers chocs transatlantiques

« J'ai été sauvé par Dieu pour rendre sa grandeur à l'Amérique », déclare Donald Trump, le 20 janvier 2025, lors de son investiture au Capitole, avant d'ajouter : « À partir de cet instant, le déclin de l'Amérique est terminé. » Ce qui frappe à la lecture de ce discours, ce sont les références, notamment au président William McKinley (1843-1901) et les variations de registre qui conduisent Donald Trump à dire : « Tout est question de bon sens » avant d'annoncer : « Nous allons forer, forer, forer » pour retrouver la prospérité. Et puis, il annonce un sublime projet : « Notre puissance arrêtera toutes les guerres et apportera un nouvel esprit d'unité à un monde qui était en colère, violent et totalement imprévisible. » Rien de moins.

Depuis lors, le 47e président des États-Unis multiplie les annonces, du canal de Panama au Groenland, en passant par les tarifs douaniers contre les importations du Canada ou du Mexique. Ce faisant, la relation transatlantique change de nature sans qu'il soit encore possible d'en dessiner précisément les futurs contours commerciaux, militaires et technologiques.

Pour l'heure, les Européens restent dans l'expectative en se concentrant sur la réponse à apporter en cas de déclenchement d'une guerre commerciale. Le 2 février, l'Union européenne déclare qu'elle « ripostera avec fermeté » si elle est ciblée. Le premier défi pour les Européens sera de maintenir leur unité. La tentation pour chaque capitale existe évidemment de jouer la carte bilatérale transactionnelle sur tel ou tel dossier. Copenhague a déjà ressenti le changement de ton transatlantique à ses dépens. En se présentant comme un « bon allié » hier, aujourd'hui et demain, le Danemark, pays profondément atlantiste, cherche à limiter le courroux américain et ses prétentions sur le Groenland. Comme pays prudemment soutenu par ses partenaires européens, sa présidence de l'Union européenne au second semestre 2025 aura valeur de test.

Sur le plan militaire, les inconnues sont encore plus grandes dans la mesure où Donald Trump estime que les pays européens bénéficient d'une protection sans en supporter le coût réel, depuis plusieurs décennies. Selon lui, ils devraient consacrer 5 % de leur produit intérieur brut à leur défense et à leur sécurité (contre 2 % en moyenne actuellement), tout en soulignant que ce sont des pays riches disposant de moyens. Les administrations américaines successives ont invité leurs alliés européens au « partage du fardeau » sans réel effet, jusqu'à l'invasion de l'Ukraine par la Russie en février 2022. Donald Trump s'est beaucoup avancé sur l'Ukraine au cours de la campagne électorale en indiquant qu'il souhaitait parvenir à un accord de cessez-le-feu. Ce dossier demeure le plus sensible pour les Européens dans la mesure où il concerne la stabilité du continent. Pèse sur eux la menace d'un accord direct entre les États-Unis de Donald Trump et la Russie de Vladimir Poutine. Cette initiative pourrait intervenir au moment où la France et l'Allemagne, qui avaient accompagné les accords de Minsk après l'annexion de la Crimée et la déstabilisation du Donbass en 2014, sont affaiblies. Abondamment commenté et critiqué, le concept d'« autonomie stratégique européenne », souvent mis en avant par Paris, retrouve toute sa pertinence dans ce contexte, même s'il faut constater que celui de « parité stratégique » lui est préféré par un certain nombre de capitales. Les Européens doivent répondre à deux questions fondamentales. La première : sont-ils prêts à soutenir l'Ukraine en cas de désengagement américain ? La seconde : sont-ils prêts à coordonner sérieusement leurs dépenses militaires, et dans quelles proportions ? Ils n'échapperont pas à une réflexion fondamentale sur le lien entre les conditions de leur prospérité et celles de leur sécurité.

Sur le plan technologique, la domination américaine s'accentue. La nouvelle administration de Trump est soutenue par les grands acteurs de la tech, au premier rang desquels figure Elon Musk. Ce dernier ne perd jamais une occasion de fustiger la réglementation européenne, qui empêcherait le vieux continent d'innover. Le lendemain de son investiture, Trump annonce le lancement du projet *Stargate* (auquel Musk n'est pas associé), destiné à construire des infrastructures pour l'intelligence artificielle. Montant d'investissements annoncé par Larry Ellison (cofondateur de la firme Oracle), Masayoshi Son (fondateur de SoftBank) et Sam Altman (cofondateur d'OpenAI) : cinq cents milliards de dollars. La saturation des annonces commerciales, militaires et technologiques ne serait-elle pas une manière d'entretenir, le plus longtemps possible, la stupeur européenne ?

LES ENSEIGNEMENTS DES VIOLS DE MAZAN

Y a-t-il une culture du viol ?

Camille de VILLENEUVE

Nous n'avons pas fini de tirer des enseignements du procès des viols dits « de Mazan ». Une formule mérite en particulier d'être interrogée, celle de « culture du viol », car elle fut souvent reprise dans les commentaires. Elle caractériserait les sociétés contemporaines encore marquées par le patriarcat, y compris celles où les droits des femmes sont considérés comme acquis. L'expression signifie la persistance de l'impunité pour les violeurs et agresseurs sexuels, qui serait le signe d'une difficulté à criminaliser le viol des femmes. Elle semble pourtant inexacte et trop faible pour comprendre ce qui se passa à Mazan.

Il faudra du temps pour prendre la mesure du procès des viols commis à Mazan par plus d'une cinquantaine d'hommes sur Gisèle Pélicot, à son insu, pendant une dizaine d'années. Il conviendra de faire le tri entre les formules, les slogans et les opinions exprimés pendant ces quatre mois. La puissance de fascination de l'événement interroge en effet. Elle n'est pas seulement due aux faits, dont l'atrocité sidère, mais à la dignité avec laquelle la victime a réclamé justice, devant tous, et assumé la promiscuité du tribunal avec ses innombrables violeurs, dont son ex-mari. Son élégance, sa ténacité, sa manière souveraine, énigmatique aussi, de se tenir au-delà de la honte auront ajouté une page à l'histoire du féminisme.

Si le viol a été longtemps toléré dans les sociétés notamment européennes et l'est encore dans bien des régions du monde, il n'en est pas moins universellement condamné et puni. Dans les sociétés antiques et médiévales, il pouvait conduire à la mutilation ou à la mort. Une « culture du viol » ne peut être attribuée à aucune société humaine, même la plus primitive, et le cas échéant en raison même du patriarcat, puisqu'il met en péril la patrilinéarité. En mettant de l'incertitude dans la filiation, il porte atteinte à la domination du père de famille. C'est pourquoi le viol est d'abord une pratique de guerre, une façon de s'approprier un territoire et sa population en y mêlant son sang. Il est le plus sûr moyen de dissoudre les liens de parenté qui fondent une communauté.

Assimilé longtemps au rapt et au mariage forcé, le viol a toujours été pensé comme une pratique compromettante pour la vie d'un peuple et pour sa culture singulière. Il est le bras armé d'une contre-culture. La menace de viol fait partie de la rhétorique de la vengeance et de la rivalité, depuis la nuit des temps. « Nous allons tous vous violer en France », « je vais violer ta mère », ces phrases récemment rapportées par les médias dans le cadre d'affaires diverses sont malheureusement banales.

Nous suivons donc l'avis d'Irène Théry : « Il y a longtemps, pour ma part, que je combats la théorie radicale de la "culture du viol" prétendant que, derrière les apparences du droit et du changement social, notre société n'est rien d'autre que la domination toujours recommencée de la "classe des hommes" sur la "classe des femmes", et qu'il n'y aurait qu'une différence de degré entre un rapport hétérosexuel et un viol[1]. » En mettant sur un pied d'égalité l'hétérosexualité et la « culture du viol », certains discours féministes font un raccourci sans fondement et insuffisant à qualifier ce qui est en jeu. En revanche, qu'il soit bien question dans l'affaire de Mazan d'une domination des hommes sur les femmes semble incontestable, et il ne suffit pas de lutter contre l'hétérosexualité pour s'en défaire. À quoi tient donc la persistance de cette domination ?

Les faits jugés à Avignon permettent d'en préciser l'aspect : non seulement s'y manifestent la persistance d'un droit de propriété de l'homme sur le corps-bien de la femme et de l'enfant (il faut marteler que presque tous les agresseurs de Gisèle Pélicot furent des enfants

1. Irène Théry, « Le viol d'opportunité est au centre de l'enjeu sociétal du procès des viols de Mazan », *Le Monde*, 2 octobre 2024 (sur *www.lemonde.fr*).

agressés), héritage du droit patriarcal romain, mais aussi une cruauté si bien dissimulée qu'elle n'apparaît à personne. Une cruauté sans effusion de sang, un viol sans cri. Une violence sans victime, jusqu'à ce que celle-ci en devienne rétrospectivement la spectatrice. Cette violence déniée à chacune de ses étapes est un précipité vertigineux de la cruauté propre à nos sociétés de l'écran, de la libre circulation des images pornographiques, du harcèlement anonyme, du viol de l'intimité par les réseaux sociaux et la mise à disposition des données personnelles. C'est une cruauté qui atrophie définitivement toute responsabilité. Pour en finir avec la « culture du viol », il faut non seulement se désenvoûter du patriarcat mais penser cette nouvelle barbarie.

La tolérance du viol en régime patriarcal

Le viol est un crime qui porte atteinte au patriarcat au sens juridique, c'est-à-dire à l'autorité de l'homme sur les biens et les personnes qui sont en son pouvoir. Mais quand la femme ne pouvait être clairement identifiée à un patrimoine, alors le viol n'était plus si grave. Les historiens du viol le relèvent. Dans les sociétés antique et médiévale, il peut être aussi sévèrement condamné que parfaitement toléré s'il n'affecte pas l'honneur d'un père de famille ou d'un époux. Quoi qu'il en soit, c'est toujours l'homme qui est perçu comme la victime du viol, jamais la femme. Son plus beau comportement consiste alors à se donner la mort, comme en témoignent les représentations héroïques de Lucrèce (quand le père de famille ne décide pas de marier la femme à son violeur pour laver son honneur).

Si Baptiste, le pédophile de la nouvelle de Guy de Maupassant « Madame Baptiste », est condamné aux travaux forcés, la fillette est rejetée par son village qui la méprise et la harcèle jusqu'à la pousser au suicide. L'inceste concernant les enfants, biens du père de famille, ne fut longtemps pas caractérisé comme un viol. L'histoire de l'inceste est celle d'une dissimulation tragique. Quant au viol conjugal, il est tenu pour une contradiction dans les termes.

La tolérance au viol est donc, autant que sa condamnation, une conséquence du patriarcat et révèle un axiome qui lui est propre : « Ce qui n'est pas à un homme est à tout le monde. » Une femme, un enfant, qui n'est à personne (veuve, femme isolée, orphelin) ou que le père rejette comme n'étant plus son bien, est à qui peut et veut en disposer. Quand le viol n'est pas un danger pour l'héritage, il est seulement l'expression de l'accaparement des biens par les hommes, dont font partie les corps des épouses, des enfants et des esclaves. C'est un héritage du droit romain.

Les *res mancipi* y désignent en effet tous les biens acquis par mancipation, dont des personnes (esclaves). Selon les *Institutes* de Gaius, le mariage est une forme de mancipation, terme qui désigne une acquisition informelle et signifie la « prise en main ». La main, en latin, indique dans nombre de locutions la possession et l'appropriation. Selon le *Dictionnaire étymologique latin* de Michel Bréal et Anatole Bailly, « [ce mot] exprime aussi le pouvoir que le *pater familias* exerce sur ceux qui lui sont soumis, et particulièrement celui que, comme mari, il a sur sa femme ». Jacques Ellul ajoute, dans *Histoire des institutions*, que la main désigne une autorité magique sur les biens et les personnes. La puissance du père de famille sur ses biens est de cet ordre, elle a l'aura d'une autorité supérieure. Les *res mancipi* sont des choses que l'on peut aliéner ou désaliéner. Le père peut vendre son fils, à condition que ce soit en dehors de Rome. On peut aussi l'émanciper : un enfant vendu trois fois comme esclave est affranchi. Seule la femme ne peut être ni vendue ni émancipée.

En 2011, Jean-François Kahn qualifia l'agression de Nafissatou Diallo par Dominique Strauss-Kahn de « troussage de domestique ». Sous la grivoiserie, il faut lire la permanence d'un droit sur le corps des femmes inscrit dans le droit romain dont la « main », ce concept juridique fondamental, s'est donnée dans le droit européen des formes renouvelées. Dominique Pélicot a assumé ce droit de propriété sur le corps de sa femme, dans ses trois aspects d'*usus* (usage immédiat), *fructus* (Dominique Pélicot jouissait du corps de sa femme en le livrant à d'autres) et *abusus* (il le détruisait en l'empoisonnant). L'esclave, l'enfant et la femme sont des biens de l'homme, ils n'ont aucune autonomie. Certains violeurs de Gisèle Pélicot ont défendu ainsi leurs actes : le mari dispose du corps de sa femme, s'il permet qu'on la viole, le viol est un droit.

Un lieu commun sur le désir masculin le veut irrépressible. C'est une production du droit d'appropriation des personnes par les hommes, il n'a de sens que dans le contexte du patriarcat et de sa conception paradoxale du viol. En régime patriarcal un homme n'a pas le *droit* de violer les femmes (nous avons vu pourquoi), mais il *peut* le faire (car, parmi ses biens, se trouvent des personnes). Neige Sinno écrit dans *Triste Tigre* :

« À la question de savoir pourquoi les soldats commettaient les pires exactions sur les sites de conflit, j'ai entendu une fois un grand historien spécialiste des deux guerres mondiales répondre : *parce qu'ils le peuvent*[2]. » Dès que le droit est suspendu, le possible libère la puissance, qui n'est pas celle, métaphysique, d'un désir monstre qui serait propre au mâle, mais la manifestation de cette puissance paternelle aux effets magiques formulée dans le droit romain. Ce n'est pas une prétendue pulsion mais cette puissance vertigineuse de domination que conçoit le droit patriarcal en légitimant le viol, au moment même où il l'interdit.

« ***Cette puissance vertigineuse de domination que conçoit le droit patriarcal*** »

De ce droit nous avons hérité. Selon le Code civil (1804), le père de famille en est le chef, sauf en cas de décès ou d'incapacité. Il dispose de la « puissance maritale », la femme est tenue pour mineure, sa capacité juridique est restreinte. Il faut attendre 1964 pour que soient réformés les régimes de la minorité, de la tutelle et de l'émancipation, les régimes matrimoniaux (1965), la filiation (1972) et l'indivision (1976). La fonction de chef de famille est supprimée en 1970, les époux ont désormais une égale autorité dans les décisions familiales. La « puissance paternelle » est remplacée par l'« autorité parentale ». Le divorce est facilité.

L'esclavage a été aboli en France en 1848, mais la réforme du Code civil napoléonien mettant fin à l'état de minorité juridique de la femme n'a que soixante ans. Le racisme empoisonne encore nos sociétés. Il n'est pas étonnant que l'émancipation des femmes, plus récente encore que celle des populations noires, n'ait pas encore entièrement conquis les intelligences.

Qui n'est pas à un homme désire être à tous

« Ce qui n'est pas à un homme est à tout le monde. » Cet axiome du patriarcat peut être complété par un second : « Ce qui n'est pas à un homme désire être à tout le monde. » Le droit a également un effet sur la représentation du désir féminin. Selon celle-ci, la femme qui n'est pas dépendante d'un homme souhaite être possédée de tous, quand

2. Neige Sinno, *Triste Tigre*, P.O.L, 2023, p. 192.

l'homme est habité par une pulsion aveugle de posséder toute chose, qu'il faut excuser. La source monothéiste affirme ainsi que le désir féminin est un effet du péché et la domination masculine une entrave à son excès (Genèse 3, 16 : « Ta convoitise te poussera vers ton mari et lui dominera sur toi »). Une femme qui émet un doute sur le droit patriarcal est nécessairement une prostituée. Le viol révèle ce qu'est la femme quand elle prend son autonomie. Le poncif s'est insinué dans l'inconscient féminin sous la forme du fantasme de viol, production monstrueuse du droit.

On ne compte pas les viols commis sur des femmes au prétexte qu'elles l'ont souhaité, ni les injures qui leur sont adressées quand elles ont plusieurs partenaires. Une femme qui n'appartient pas qu'à un homme est une prostituée en puissance, sinon en acte. J'ai toujours été désagréablement émue par le film *Le magnifique* (Philippe de Broca, 1973), chef-d'œuvre de la comédie française, dans les dernières minutes duquel, superposant la vengeance de François Merlin, le sadisme de Bob Saint-Clair (Jean-Paul Belmondo) et la complaisance de Philippe de Broca, l'infidèle Christine/Tatiana (Jacqueline Bisset) est violée par tout un régiment, passée à tabac, traînée dans la boue à moitié nue, ridiculisée et humiliée. Une femme adultère est jetée en pâture au tout-venant et le spectateur doit en rire, car il porte en lui l'histoire longue de l'infidélité féminine que les sociétés ont davantage condamnée que celle du mâle, pour des raisons transparentes.

Le fantasme du viol s'est invité au début des procès de Mazan. Et si, au fond, Gisèle Pélicot était consentante ? Si elle avait trouvé son compte, Dieu sait comment, dans cette affaire ? L'hypothèse d'une Gisèle complice a surgi des profondeurs romaines de certains esprits, même les moins suspects de misogynie. Ce qu'il fallait plutôt rappeler pour tenter de comprendre comment Gisèle Pélicot avait pu se laisser *à ce point* abuser, c'est l'adultère dont elle s'accusait elle-même. La soumission chimique et les viols sont la vengeance d'un mari vexé, pourtant lui aussi infidèle, qui cherchait à « soumettre une femme insoumise », selon ses termes. Dominique Pélicot entreprit la démonstration suivante : si ma femme est adultère et échappe à la main conjugale, c'est qu'elle veut être à tout le monde. D'où la nécessité que cela ne ressemble pas à un viol et qu'elle ne résiste pas.

Dans *Psychopathia sexualis* (1886), Richard von Krafft-Ebing relève déjà que dans le Code pénal allemand deux types de viol sont décrits, celui « par menace d'un danger immédiat pour la vie » et l'abus pratiqué « après avoir mis [la victime] dans un état supprimant la volonté ou la conscience[3] ». Si le premier est bien de l'ordre d'un droit coutumier d'usage du corps des femmes, le second, en annulant toute résistance et conflictualité, cherche à feindre le consentement de la victime et mettre en scène son prétendu désir.

Dominique Pélicot a tiré les conclusions des deux axiomes issus du patriarcat. Y a-t-il plus, finalement, dans les procès de Mazan ? Peut-être pas. Il ne faut pas négliger le caractère sensationnel de l'affaire qui stimula nos pulsions voyeuristes. Ne savions-nous pas déjà ce que nous y avons appris ? Les effets sinistres de la solitude, de la précarité matérielle, morale, intellectuelle, sociale et culturelle, la reproduction de la violence sexuelle subie dans l'enfance... Ne savons-nous pas déjà ce qu'un homme est capable de faire quand il le peut ? Certains ont regretté que le procès Pélicot laisse dans l'ombre celui des harceleurs de Samuel Paty, qui le livrèrent à son meurtrier et à une exécution barbare. Et pourtant, une coïncidence géographique étonnante nous oblige à penser plus loin. Mazan fut le village d'un des châteaux de la famille de Sade, dont le Marquis était un hôte régulier. Donatien de Sade fut condamné pour des faits de soumission chimique, de viol et de torture.

« Ne savons-nous pas déjà ce qu'un homme est capable de faire quand il le peut ? »

Mais comment passe-t-on de la demeure grandiose d'un lettré au pavillon du quelconque Dominique Pélicot ? De la perversion scandaleuse et revendiquée de l'aristocrate à l'infamie dissimulée du père de famille ? Le procès des viols de Mazan a inversé les représentations : les victimes invisibles du Marquis sont devenues Gisèle Pélicot, cette femme hors du commun qui fait la couverture de *Vogue* ; le Marquis, un petit être médiocre et manipulateur. Ce ne sont pas les crimes qui diffèrent dans les deux affaires, c'est un nouveau régime de cruauté qui n'est pas sans lien avec l'assassinat de Samuel Paty.

Une tout autre cruauté

Les crimes de Dominique Pélicot étaient destinés à ne jamais être connus. Au moment d'être arrêté, il s'apprêtait à commettre le crime

3. Richard von Krafft-Ebing, *Psychopathia sexualis*, tome 3, Pocket, « Agora », 1999, p. 228.

parfait en soumettant sa femme à des doses de plus en plus dangereuses de médicaments. Même révélés, ces crimes demeurèrent invisibles à certains, tel le maire de Mazan s'exclamant : « Après tout, personne n'est mort. » Il fallait, dans l'esprit du criminel, que personne ne soit en mesure de nommer ce qui était, que le déni contamine toute parole, que les faits ne puissent pas rencontrer leur description.

Dans *Cruor*, Jean-Luc Nancy fait état d'une cruauté propre à la modernité en ce qu'elle la dissimule, incapable de la nommer. Le sacrifice sanglant pratiqué par certaines sociétés primitives avait le mérite d'être vu par tous et nommé pour ce qu'il était. Il ritualisait et civilisait la pulsion terrible qui cherche, dans le *cruor* (le sang qui jaillit), la régénération du *sanguis* (le sang qui coule dans les veines, de la vie). Le propre de la cruauté moderne est au contraire de se renier : « Plus l'humanité a substitué aux sacrifices le service de la domination elle-même étendue à toutes choses, plus elle s'est apparue à elle-même sacrifiant non plus des victimes choisies mais des foules, des peuples, des lignées et des générations [...]. Ainsi la cruauté tend à devenir permanente et polymorphe, faisant couler du sang symbolique, économique, psychique[4]. »

« ***Le propre de la cruauté moderne est au contraire de se renier*** »

La pulsion, orientée dans les sociétés matérialistes et techniciennes vers les *res extensa*, s'atrophie dans leur asservissement : « Le moins qu'on puisse dire est bien que les génocides, les bombes atomiques ou à fragmentation, de même que les prostitutions d'enfants, les actes sexuels contraints et tous les travaux aussi forcés que salariés, tout autant que les empoisonnements plus ou moins indirects des aliments, de l'air et de l'eau et jusqu'à la pollution de l'espace (de feu le *cosmos*) – toute cette évocation de notre actualité témoigne d'un privilège absolu des objets au service desquels les pulsions sont en fait asservies[5]. »

L'anonymat dans la communication virtuelle en est aussi une expression. Il réalise le fantasme du « tous les hommes » déposé dans les deux axiomes du patriarcat. Il dépasse les phénomènes décrits en philosophie politique tels que la foule, la masse ou la multitude. Chaque jour, sur les réseaux, dans les médias et dans notre quotidien,

4. Jean-Luc Nancy, *Cruor*, Galilée, 2021, p. 67.
5. *Ibid.*, p. 93

nous sommes témoins d'une cruauté nouvelle qui a lieu à la faveur de l'anonymat d'un écran, d'un forum, d'un *tchat*, grâce aux innombrables médiations de la technique et au libéralisme moral de nos sociétés. La cruauté sans auteur et prétendument sans victime se répand à la faveur d'une dénégation systémique : la consommation pornographique est fondée sur le déni de l'exploitation, de l'abus et du viol. Le harcèlement, le lynchage et la diffamation courent, impunis, à la faveur des pseudos ou sous le prétexte « qu'il n'y a pas mort d'homme ». L'agresseur n'a ni nom ni visage, la victime non plus. La distinction entre virtualité et réalité n'est même pas questionnée. En attendant, *il y a bien quelqu'un qui meurt.* C'est cette cruauté anonyme qui a décapité Samuel Paty, ce que le tribunal a reconnu en même temps qu'à Avignon, la justice jugeait les tortionnaires de Gisèle Pélicot. Si les faits diffèrent et leur contexte politique et social, dans ces deux événements judiciaires, une même contamination de la cruauté ordinaire a été mise au jour.

* * *

En 2013, mon téléphone a été volé dans un autobus. Trois semaines après, j'ai découvert que toutes ses données avaient été diffusées sur le site *Coco.fr*, appelé à se trouver au cœur de l'affaire Pélicot pour ses contenus criminels. Des hommes m'ont appelée pour des conversations érotiques, j'ai bien sûr déposé plainte. Toutes mes photographies de mère de famille ont été livrées à des inconnus pervers. Ce fut un coup d'œil sur l'abîme de cette cruauté anonyme qui est bien au cœur de l'affaire Pélicot, qu'on peut nommer aussi barbarie, à savoir la civilisation se niant elle-même.

On peut sortir l'humanité du patriarcat, mais il est plus difficile de sortir le patriarcat des esprits. Il y a bien une dimension culturelle dans la tolérance au viol, quoiqu'elle soit paradoxale. Elle signale que le corps des femmes fut jusque très récemment, du fait d'une mémoire longue du droit romain, le bien d'un homme dont il pouvait user, jouir et abuser, et qui laissait penser que le désir des femmes était, au fond, d'être possédées par tous.

Mais l'expression « culture du viol » ne suffit pas à prendre la mesure d'une tendance générale de nos sociétés à la tolérance pour des formes de plus en plus ordinaires de cruauté, dont la source ne tient ni à l'hétérosexualité, ni au patriarcat mais au destin des sociétés modernes, matérialistes, consommatrices et techniciennes. L'explosion des pratiques virtuelles, qui permet à chacun de ne plus avoir de nom et par conséquent, de responsabilité, offre un champ illimité à une insoutenable pulsion de destruction.

Il revient à la philosophie et aux arts de penser le couple en dehors du modèle de la mancipation, c'est-à-dire de l'aliénation réciproque, qui persiste dans ces lieux de consommation majeurs que sont la pornographie mais aussi le cinéma et la série télévisée (dans lesquels perdure une imagerie sentimentaliste et conservatrice, selon laquelle le mariage et la famille sont l'aboutissement de toute existence). Seule une réflexion sur le registre contemporain du cruel peut contribuer à transporter « la force pulsionnelle vers un objet qui soit une forme à naître et non un objet à produire[6] ».

Nos affects et nos désirs proviennent en effet de la manière dont nous imaginons le monde. Les viols de Mazan sont aussi la chronique terrifiante d'une aliénation collective *de* et *par* l'image, notamment pornographique. Il nous revient de prendre soin de ce que nous regardons, comme l'a écrit toute sa vie la regrettée Annie Le Brun, anticipant les caractéristiques de l'enfer de Mazan : « Je m'insurge contre l'actuel formatage de la sexualité sous prétexte de libération », disait-elle. « Cela mène à un monde sans passion, où détachement et désinvolture s'affichent pour masquer le vide intérieur[7]. »

Camille de VILLENEUVE

6. *Ibid.*, p. 96.

7. Entretien avec Philippe Mangeot, *Philosophie Magazine*, juin 2020.

LE FÉMININ TRANSFORMATIF

Entretien avec Julia KRISTEVA

Essayiste, psychanalyste, romancière, linguiste, philosophe, docteure honoris causa *de nombreuses universités, Julia Kristeva, dont l'œuvre est traduite dans le monde entier, a reçu en 2004 le Prix Holberg, l'équivalent du Nobel pour les sciences humaines. Dans le chaos d'une planète en proie à des vertiges inédits, sa voix, l'une des plus passionnantes de notre temps, a beaucoup à nous dire. « Monstre de carrefours » comme elle se définit elle-même, en référence aux domaines variés qu'elle prend à bras-le-corps ainsi qu'à une identité en mouvement, elle vient de publier deux livres, dont* Prélude à une éthique du féminin *qui revisite, sous ce beau titre musical, une œuvre tout entière orientée vers ce continent féminin qu'elle explore depuis ses premiers textes jusqu'à aujourd'hui, en passant par sa trilogie du* Génie féminin *(Hannah Arendt, Mélanie Klein et Colette) et son essai sur sainte Thérèse d'Avila.*

« On naît femme, mais Je *le deviens », écrivez-vous dans* Prélude à une éthique du féminin[1]*, reposant ainsi la question du « devenir femme », soixante-quinze ans après la célèbre formule de Simone de Beauvoir : « On ne naît pas femme, on le devient. » Que voulez-vous dire ?*

Julia Kristeva : Si Beauvoir écrit : « On ne naît pas femme, on le devient », je dirais plutôt « *On* (biologique) naît femme, mais *Je* (conscient-inconscient psychosexuel) le deviens. » Pourquoi ? En

1. Julia Kristeva, *Prélude à une éthique du féminin*, Fayard, 2024. Voir aussi Sarah-Anaïs Crevier Goulet, Keren Mock, Nicolas Rabain et Beatriz Santos (dir.), *Julia Kristeva, Révolte et reliance*, Éditions Hermann, « Cerisy – Colloques de Cerisy », 2024.

écartant la problématique de la *différence* au profit de celle de l'*égalité*, Beauvoir s'est interdit de pousser plus loin le projet existentialiste, pourtant annoncé, qui aurait dû la conduire à méditer, à travers la condition des femmes au pluriel, sur les chances de liberté de chacune d'elles en tant qu'être humain *singulier.* Bien que sa réflexion ait largement puisé dans la réalisation de femmes « sujets », toutes aussi exemplaires par leur génie que sainte Thérèse d'Avila ou Colette, en passant par Marie de Gournay ou Anne-Josèphe Théroigne de Méricourt, c'est moins à « l'être humain » et aux « chances de l'individu » que *Le deuxième sexe* s'est consacré qu'à la « condition féminine » dans son ensemble.

L'autrice du *Deuxième sexe* est sans doute venue trop tôt pour défendre la singularité féminine alors que tant de « conditions » sexuelles et économiques entravaient encore l'émancipation des femmes. Mais pendant que ces enjeux restent toujours d'actualité et que *l'ère planétaire* qui s'ouvre après *les temps modernes* s'annonce par trop pétrie de conservatismes et d'archaïsmes, il n'est pas sûr que le « conflit » entre la condition de toutes et la libre réalisation de chacune (conflit qui serait, selon la philosophe, au fondement de la souffrance féminine) puisse être réglé, si l'on se préoccupe seulement de la « condition », en sous-estimant le « sujet ». En privilégiant la transformation de la « condition » féminine, Beauvoir contribue elle-même à écarter l'enjeu essentiel de l'initiative singulière. Je pense à Hannah Arendt, Mélanie Klein, Colette et tant d'autres, qui n'ont pas attendu que la « condition féminine » soit mûre pour réaliser leur liberté. Le génie n'est-il pas précisément cette percée au travers et au-delà de la « situation » ? Gardons donc cet « on » impersonnel pour la différence anatomique et génétique, et disons « je » pour la capacité de se construire au féminin.

Quelles ont été les étapes marquantes de votre « devenir femme » ?

▪ **J. Kristeva :** Étais-je une féministe atypique ? Le terme « féministe » n'existait pas dans ma Bulgarie natale, mais l'idéologie communiste encourageait les femmes à étudier et à travailler comme les hommes. En conflit avec mon père, homme de foi religieuse, je brocardais ses croyances orthodoxes. Et je me voyais comme le garçon de ma famille, en m'appuyant sur l'approbation silencieuse de ma mère darwinienne qui avait fait des études de biologie. J'adorais la poétesse nationale, Blaga Dimitrova, qui avait mis en vers une expression jouant avec les homophonies de la langue bulgare, que ma mère affectionnait : « Ne te laisse pas couver sous des ailes, mais déploie tes ailes », disait-elle à ses filles. Dans *Prélude à une éthique du féminin*, j'ai repris mon dernier article paru en bulgare au cours de l'année 1963 : « Une poétesse bulgare ». Était-ce ce culte de la poésie sous un régime communiste qui m'a laissé comprendre qu'il n'y a de liberté que singulière ?

Je ne me reconnais donc pas dans les mouvements militants. En mai 1968, un peu plus de deux ans après mon arrivée en France, les manifestants entonnaient *L'Internationale* sur les barricades : « Nous ne sommes rien, soyons tout ! » J'entendais pour ma part « l'homme du sous-sol » de Fiodor Dostoïevski, qui se révoltait déjà contre la massification en marche en disant : « Je suis seul et ils sont tous. » Je repérais, comme lui, le « noustoussisme » et je me disais : « Je suis seule *avec* tous et toutes. » Et cela continue… Le féminisme m'est apparu comme le dernier des mouvements d'émancipation hérités de la Révolution française, qui voulait libérer *tous* les bourgeois, *tous* les prolétaires, *tout* le tiers-monde, et maintenant *toutes* les femmes. Mais tous les mouvements collectivistes de libération ont sombré dans le totalitarisme, parce qu'ils ont oublié que la liberté est une chance au singulier.

« La liberté est une chance au singulier »

J'ai fait mienne la philosophie de Jean Duns Scot, qui a vécu au XIIIe siècle. Il postulait que la vérité n'est ni dans les idées abstraites, ni dans la matière opaque, mais dans *le pronom démonstratif* : *cet* homme-ci, *cette* femme-là. C'est là que réside sa liberté, qui est tout simplement *sa créativité partageable*, à susciter et encourager, contre la banalisation des esprits propagée par l'hyperconnexion.

Sur quels principes repose ce que vous nommez une « éthique du féminin » ?

■ **J. Kristeva :** *Le féminin* comme *l'éthique* demandent à être abordés avec précaution et délicatesse, tant les stigmates de la métaphysique et de la politique les alourdissent et les déforment. Jacques Lacan avait déjà la prudence de ne pas employer l'article défini « la » avec le substantif « femme ». « La femme n'existe pas », disait-il, pour ne pas essentialiser cette « notion » et bloquer son pouvoir de transformation. Sans être désormais une « énigme » comme le pensait Freud, le féminin m'apparaît aujourd'hui, dans mon expérience clinique et dans la percée sociopolitique des femmes dans le monde, comme un constituant aussi radical qu'incernable de nos identités psychosexuelles, tel le boson de Higgs. Insaisissable et cependant indispensable, le boson de Higgs est une des clés de voûte du modèle standard de la physique des particules et, à ce titre, il est parfois dénommé la « particule de Dieu ». Le féminin serait-il le boson de l'inconscient pour les deux sexes ?

La subtilité du féminin ainsi comprise ne saurait convenir aux grilles rigides, aux valeurs transcendantes – le bien et le mal, la loi, le devoir, le jugement – et aux impératifs contraignants de la morale. L'éthique qui se substitue à la morale dans une ontologie immanente – avec Spinoza, Leibnitz et surtout Nietzsche dans *Par-delà le bien et le mal*, que Gilles Deleuze explicite et développe – ne juge pas. Elle évalue les capacités de se métamorphoser, qui sont inhérentes aux identités, actions et intentions, et se révèlent dans la teneur qualitative de nos existences singulières. Entre « puissance » et « limite », l'évaluation éthique prend comme modèle le corps, avec ses aptitudes aux affects, et leur puissance d'affecter d'autres corps ou bien celle d'être affecté par eux.

La psychanalyse freudienne participe de cette éthique qui « suspend » le jugement pour analyser les singularités constituées et constitutives, et les actualiser dans la pratique du *transfert* à travers le temps. C'est une tâche éthique en somme, qui se donne une direction : « Là où c'était, je dois advenir. » Avec deux principes qui s'opposent – « le principe de plaisir » et « le principe de réalité » – sans faire recours au transcendantal.

Ce qui n'empêche pas, au contraire, que le féminin révélé par la découverte freudienne de l'inconscient soit *un*, sinon *le* facteur de l'accélération anthropologique que nous vivons, en raison du fait que *le féminin est transformatif.* Ni inné ni acquis, mais inlassablement conquis, la vivacité du féminin se diversifie ou succombe dans les épreuves de l'impitoyable réalité sociohistorique.

« Je suis et je resterai une étrangère », dites-vous, ce qui fait écho au très beau texte que Roland Barthes a écrit sur vous « L'étrangère »[2].

■ **J. Kristeva :** Je me souviens d'un matin de mai, brumeux et chaud, dans la solitude poisseuse d'un aéroport surchargé, au début du mois

2. Roland Barthes, « L'étrangère », *La Quinzaine littéraire*, 1er mai 1970.

de mai 1970. Je fais l'achat somnambulique de *La Quinzaine littéraire* et, dans l'avion qui vole vers l'Espagne, je découvre son article qui me désigne comme « l'étrangère ». Était-ce moi ? C'était donc moi ! Incapable de suivre l'argumentation, ni même de saisir son effet d'antidépresseur, seul un souffle salvateur s'emparait de moi hors de moi et qui me dépassait : le dépassement comme possibilité.

Dès 1970, Barthes a fait connaître de l'intérieur cette « étrangeté », une expérience existentielle qui devient un destin planétaire au XXIe siècle, au gré des crises, des guerres et de la décomposition de civilisations. Bien plus tard, j'ai pu traverser ce saisissement et déplier les lignes de force de cette étrangeté, que Barthes avait minutieusement projetée sur moi, car elles étaient les siennes, et toute son écriture les met en œuvre. Selon Barthes, la force de l'étrangère – et de l'étranger – tient à sa capacité de *déplacement* : il « change la place des choses », il dénoue les chaînes du « déjà dit », il détruit le « dernier préjugé », la mythologie ambiante, c'est-à-dire la « bêtise », l'« autorité », la « filiation » et la science bloquée par son « signifié » unique. Il n'interprète pas Racine, Sade, Fourier, Loyola, Balzac et d'autres, mais bouscule la tradition académique qu'il renouvelle, lui redonnant vie, ici et maintenant.

« Comprendre « l'identité » féminine comme un processus ouvert »

Pourtant le féminin ne se réduit pas à « la situation d'étrangère »...

J. Kristeva : Mon expérience clinique m'a permis de comprendre « l'identité » féminine comme un processus ouvert, changeant, inachevé, qui se compose de multiples étapes et facettes. Cette « identité » féminine se construit comme un voyage complexe tout au long de la vie, elle est structurellement transformative. D'où sa capacité de traverser le féminin réprimé, maltraité, en proie à la violence et au harcèlement sexuels ou encore instrumentalisé par la religiosité intégriste. Quand il est lucide et assumé dans sa complexité, *le féminin transformatif* surprend par sa maturité intense, multiforme, en formation continue.

Aujourd'hui, dans un contexte social et politique chaotique et menaçant partout dans le monde, les femmes s'imposent comme *un*, sinon *le* facteur majeur de la transformation anthropologique en cours. Victimes, elles forcent les législateurs à modifier les lois ; créatrices de nouveaux langages et comportements, comme dans le procès de Mazan, elles transforment les standards éthiques. Le temps est venu d'insister sur cette révolte et cette « reliance », vivacité inhérente à ce qu'on a longuement cru être le « deuxième sexe ».

Suis-je trop optimiste avec cette vision du féminin ? Je me définis comme une pessimiste énergique. Et j'ai voulu partager ma conviction dès la couverture de *Prélude à une éthique du féminin*, en choisissant une représentation de l'intimité féminine par Anish Kapoor qui, pour toute définition de sa peinture, a écrit : « *I'm pregnant.* » Un féminin transformatif habite aussi les hommes. Le choix de ce tableau montre combien le « patriarcat » a évolué depuis le scandale provoqué par *L'origine du monde* de Gustave Courbet (1866), qu'on n'a pas montré pendant un siècle et demi, jusqu'à ce *Portrait of Pink* d'Anish Kapoor (2019) qui attendrit ou rafraîchit, mais ne scandalise pas l'internaute blasé.

« Je me définis comme une pessimiste énergique »

J'ai donc posé, au centre de *Prélude à une éthique du féminin*, une synthèse de ce que mon expérience clinique m'a appris de la psychosexualité féminine, et j'ai disposé autour de ce foyer mes autres essais qui résonnent avec ce texte central.

Dans « Le corps français », un des textes qui composent Prélude à une éthique du féminin, *vous évoquez l'épiphanie d'une rencontre majuscule avec l'écrivain Philippe Sollers dont vous devenez l'épouse en 1966. « Le couple est devenu un espace de pensée,* écrivez-vous. *La pensée comme un dialogue entre les deux sexes : n'est-ce pas "l'utopie" elle-même, en acte ? »*

■ **J. Kristeva :** Rappelons-nous que l'hétérosexualité est une acquisition tardive dans l'histoire des hommes et des femmes. Il a fallu introduire *l'amour* dans *l'alliance contractuelle entre deux personnes de sexes différents* qui gèrent la reproduction de l'espèce et la transmission des biens. Quel amour ? L'amour platonicien du Vrai et du Beau sublime l'homosexualité grecque. C'est le Cantique des cantiques des Hébreux qui fut le premier à promouvoir l'amour d'une femme, la Sulamite, amoureuse de son berger-Roi qui la fuit, et qui n'est au fond que l'irreprésentable amour pour Dieu et de Dieu, de l'Altérité elle-même. Ensuite, la littérature courtoise, avec des greffes, paraît-il, d'influences taoïstes, transmises par les Arabes musulmans, ouvre la voie de l'Occident chrétien amoureux, libertin, moderne et postmoderne.

Le couple hétérosexuel marié continue de fasciner les imaginaires, imposé jusqu'à la nausée par les *soap operas*, ces « opéras de savon » américains ; il survit en sourdine dans les couples homosexuels, quand il n'explose pas dans « la comédie hétérosexuelle », écrit Lacan. Il s'agit d'une passion qui défie toutes les autres et s'assume dans l'espace social. Freud pensait qu'elle « rompt la liaison de masse propre à la race et à la communauté », « à la partition en nation et à l'organisation en classes de la société et accomplit des opérations culturellement importantes[3] ».

Écoutons les désirs qui se sont exprimés pour défendre le « mariage pour tous ». On cherche en vain où sont passées les « valeurs »... Et si le couple hétérosexuel et sa famille en étaient le point de mire, précisément, en lieu et place de la « valeur » qui se profile comme souci de parer à la solitude, se prolonger et transmettre ? La morale conventionnelle a beau les banaliser, nos programmes téléglobalisés les représenter jusqu'à la caricature, nos fantasmes convergent vers eux : éprouvettes, congélation d'ovocytes, don de sperme, jusqu'à ces ventres féminins que l'on achète le temps d'une grossesse. Les « traditionnels » comme les « modernes » savent bien que « ce n'est pas ça », ça n'est jamais ça. Rien n'y fait, c'est bien à papa et maman que l'on joue, en légitimant le mariage pour tous.

Il manquait au symptôme français une analyse, une défense et illustration de l'hétérosexualité. Cette dernière ne réside pas dans la seule différence anatomique entre le mâle et la femelle. L'hétérosexualité ne peut pas non plus être invoquée comme le plus sûr moyen de transmettre la vie ou de garantir la mémoire des générations. Elle révèle l'extrême intensité de l'érotisme et recèle de ce fait une insoutenable fragilité du couple hétérosexuel : fusion et confusion de l'homme et de la femme, perte exorbitante d'énergies et d'identités, affinité de la vie avec la mort... et la conception probable d'un être nouveau étranger et éphémère.

L'hétérosexualité est et sera le problème. Il fallait le génie de Freud pour formuler ce que tous savaient intimement : la procréation qui hante les humains n'est pas un acte naturel et encore moins un acte souverain. Par cet « acte » même, la différence sexuelle s'affirme dans une cascade de fantasmes qui nourrissent la littérature et notre propre créativité.

3. Sigmund Freud, *Psychologie des masses et analyse du moi*, Presses universitaires de France, 1921, p. 81.

Comment réfléchissez-vous aujourd'hui aux questions de genre qui agitent nos sociétés occidentales ?

■ **J. Kristeva :** Le parcours analytique révèle que le *féminin transformatif* se joue des identités autrement que le *genre*.

Tandis que la sexualité masculine se forme dans une seule structure œdipienne, le féminin transformatif se construit dans un complexe d'Œdipe biface : Œdipe prime (avec la mère, objet du premier désir de l'enfant) et Œdipe bis (avec le père), et se modifie dans ce que je nomme la « reliance » maternelle. Cette passion maternelle se distingue et se développe à côté et autrement que le désir de l'amante, dont la libido est dominée par la satisfaction des pulsions, tandis que l'érotisme maternel – lorsqu'il n'est pas perverti – déploie la pulsion libidinale en tendresse.

L'entrée dans l'Œdipe *bis*, où le père remplace la mère comme cible du désir, jouxte un moment décisif dans la construction de la subjectivité féminine : « l'investissement » de ce que Freud appelle « le père de la préhistoire individuelle » qui possède les caractéristiques des deux parents. Le versant « mère » de ce « père imaginaire » ne peut que favoriser la transition de l'Œdipe *prime* féminin en Œdipe *bis* et, de ce fait, étayer cette *bisexualité* dont Freud stipule qu'elle « ressort beaucoup plus nettement chez la femme que chez l'homme ».

Le féminin transformatif est donc un « multivers », terme que j'emprunte à l'astrophysique contemporaine, que la rencontre amoureuse réveille et reconstruit. Mais le féminin réprimé, voire maltraité, se laisse instrumentaliser par les idéologies et religions, sectaires ou intégristes. Quant au féminin désillusionné, il fait aussi les plus aguerries des athées.

Quant à la portée libératrice du « genre », elle participe aujourd'hui de l'accélération anthropologique en cours et, tant que les désirs sont favorisés et satisfaits par les avancées scientifiques, il est vain de les récuser. Il s'impose en revanche de répondre aux demandes et aux symptômes dans leur singularité, pour accompagner ces « êtres autrement » vers la créativité. Infinies sont et seront les métamorphoses de la parentalité et des identités sexuelles que la psychanalyse sera amenée à traiter.

Par ailleurs, on oublie que la sexualité, avec laquelle la théorie de l'inconscient a « dynamité » la morale normative, est une sexualité « dé-naturée », parce que, d'emblée et toujours, elle est biologie et sens, organes *et* parole, excitation *et* psychisation. À cela les derniers textes de Freud[4] ajoutent une bisexualité psychique polyphonique, dédoublée des deux côtés de la différenciation femme-homme, de telle sorte que la partie se joue au moins à quatre.

Comment recevez-vous le fait que vous qui vous dites athée, mais pas nihiliste, êtes perçue par des esprits religieux comme une mystique ? Vous avez rencontré tous les papes de notre temps, Jean Paul II, Benoît XVI et récemment encore François à Bruxelles où vous avez été invitée à donner une conférence sur Thérèse d'Avila à qui vous avez consacré un livre[5]... Est-ce le vide qui existe en chaque être humain qui vous pousse à la créativité contre la mort ? Et votre rapport aux autres qui vous porte à une manière bien à vous d'être reliée à l'humanité, une religion qui ne dit pas son nom... une immanence sublimante ? Seriez-vous une mystique sans Dieu ?

■ **J. Kristeva :** L'immanence n'est pas une transcendance, elle ne peut être pensée que par une réévaluation des valeurs philosophiques et théologiques dont elle s'empare pour se les approprier, les mettre en question et les renouveler. Ce que j'appelle, après Nietzsche, Heidegger, Derrida et d'autres, « une transvaluation de l'ontothéologie ». Les mystiques avaient pris cette voie. Sans le savoir ? N'est-ce pas la seule voie ou voix qui leur soit comme naturellement réservée par et dans la hiérarchie de l'institution ecclésiale ? D'où la question : pourquoi tant d'engouement féminin pour ce « *Todo es nada* » (« Tout qui est rien ») de Thérèse ?

Serait-ce parce que le désir féminin brûle autant tout le corps et que tous ses sens transportent l'amoureuse vers son objet de désir qui, comme l'amant du Cantique des cantiques, ne cesse de se dérober, époux fuyant ou Dieu caché, absent, invisible, imaginaire, inimaginable ? Si le corps féminin tout entier est un organe sexuel, il peut tout aussi entièrement refouler le désir en maladie : longue vie au masochisme féminin ! Ou l'évider en rêverie, en parole, en sublimité : longue vie à l'imaginaire féminin, aux fantasmes fébriles et aux pénétrants récits des Shéhérazade ! Mais au Siècle d'or, les illuminés espagnols n'hésitaient pas à puiser dans l'humanisme réformé, et la

4. S. Freud, *De la sexualité féminine*, 1931, et *La féminité*, 1933.

5. J. Kristeva, *Thérèse mon amour*, Fayard, 2008.

Contre-Réforme a conjugué un nouveau florilège mystique avec l'art baroque. Était-ce une religion esthétique ? Pas seulement. L'infini des couleurs, des sons et des mots s'empare des corps dedans-dehors, fluides, mobiles, transitifs, contagieux. Ceux-là mêmes que Thérèse d'Avila s'était inventés, mais qu'elle avait aussi élucidés par l'écriture, en combattant son anorexie passagère et son épilepsie chronique. « Je fais cette fiction pour donner à comprendre », écrit cette moniale qui ne cesse d'analyser ses « visions ».

« Mystique et psychanalyse visent... un point commun »

Sigmund Freud, irréligieux entre tous, découvre, à la fin de sa vie, que mystique et psychanalyse visent... *un point commun*. Comment serait-ce possible ? Dans la terminologie de sa nouvelle science, Freud dira que, par l'expérience mystique, des « rapports autrement inaccessibles » s'établissent entre « le Moi et les couches profondes pulsionnelles du Ça ». Et brusquement, sous la plume de ce juif athée, une formulation étonnante : la psychanalyse se choisit « un point d'attaque similaire ». Le Moi de l'analysant, affranchi de la tutelle du Surmoi, élargit ses perceptions et se consolide de manière à s'approprier des fragments du Ça. Peu avant sa mort, le 22 août 1938, le dernier mot de sa main trace une ligne de démarcation dans cette similitude troublante, « Mysticisme : autoperception obscure du règne, au-delà du Moi, du Ça. » Entendons : plongée et perte du Moi dans l'autoperception du Ça (côté mystique) ; mais réorganisation du Moi par une interminable élucidation du Ça (côté psychanalyse). Va-et-vient fragile, risqué, indécidable ? Sans adhérer à l'expérience mystique, sans l'ignorer non plus, l'écoute analytique donne sens à la jouissance.

Vous avez écrit Du mariage considéré comme un des beaux-arts *avec Philippe Sollers*[6]*. Au cœur du social, deux êtres libres et aimants, un duo à nul autre pareil. Quelle place occupe dans votre vie d'aujourd'hui ce grand vivant qui, dans son ultime livre de méditation, invite dès à présent à vivre* La deuxième vie[7] *?*

6. J. Kristeva et Ph. Sollers, *Du mariage considéré comme un des beaux-arts*, Fayard, 2015.

7. Ph. Sollers, *La deuxième vie*, postface de J. Kristeva, Gallimard, « Blanche », 2024.

■ **J. Kristeva :** L'événement, c'est la rencontre, le croisement de deux élans de vie. Il ne se résume pas, il se vit. Avant, avec, après la mort qui n'est qu'une « banale défaite », selon Colette. Le deuil étant une expérience inexprimable, je ne pourrais pas vous en dire plus aujourd'hui… Ma tentative d'exprimer *le mariage comme un des beaux-arts* passe par la fiction. Je parle alors à travers mes personnages de roman : Olga dans *Les samouraïs* (Fayard, 1990) ; Stéphanie Delacour qui mène l'enquête sur le meurtre de son père dans *Le vieil homme et les loups* (Fayard, 1991) ; Gloria dont le corps décapité gît dans une flaque de sang dans *Possessions* (Fayard, 1996) et qui est la mère de Jerry, un enfant handicapé ; ou Nivi, visitant, dans *L'horloge enchantée* (Fayard, 2015), Versailles en proie à une attaque terroriste avec Stan, son fils à problèmes, qui traduit la phrase de Descartes « Je pense donc je suis » en « Je rêve donc je suis ». Et puis, et d'abord, il y a Olga, la jeune femme que je suis dans *Les samouraïs* : elle tombe amoureuse d'Hervé dont elle a découvert, avant même de le rencontrer, le beau visage sur une photo parue dans la revue *Clarté*. C'est ainsi que j'ai vu Philippe Sollers pour la première fois. Pour la dernière aussi. Il reste très jeune.

Propos recueillis par Patricia BOYER de LATOUR.

TECHNOLOGIE ET PAIX : L'EXIGENCE D'UNE SUPERVISION HUMAINE

Dominique LAMBERT

L'usage croissant de systèmes d'armes autonomes pose la question de la supervision humaine. Telle est la position du pape François, cohérente avec son éthique de la paix qui implique des relations centrées sur l'humain. La paix repose souvent sur des gestes posés par des personnes qui se mettent en situation de vulnérabilité. Réintroduire l'humain peut conduire à renoncer parfois à la médiation technologique.

Dans son message pour la 57e Journée mondiale de la paix, en janvier 2024[1], le pape François exprimait que « la recherche sur les technologies émergentes dans le domaine des "systèmes d'armes létales autonomes", y compris l'utilisation belliqueuse de l'IA, est un grave sujet de préoccupation éthique. Les systèmes d'armes autonomes ne pourront jamais être des sujets moralement responsables : la capacité humaine exclusive de jugement moral et de décision éthique est plus qu'un ensemble complexe d'algorithmes, et cette capacité ne peut être réduite à la programmation d'une machine qui, bien qu'"intelligente", reste toujours une machine. C'est pourquoi il est impératif de garantir une supervision humaine adéquate, significative et cohérente des systèmes d'armes » (§ 6).

1. Pape françois, « Intelligence artificielle et paix », 1er janvier 2024, disponible sur le site du Vatican (*www.vatican.va*).

Nous voudrions essayer de mieux comprendre ces qualificatifs de la supervision : adéquate, significative et cohérente. Mais auparavant, il convient de formuler quelques remarques.

Une éthique de la paix

La paix[2], on le sait, n'est pas l'absence de guerre[3], elle est un état dans lequel les humains établissent entre eux des relations respectant non seulement leur dignité profonde (qui ne dépend en aucun cas de performances, de caractéristiques extérieures ou de la décision arbitraire d'autres personnes ou groupes sociaux), mais aussi l'exigence de justice, de solidarité (et donc de relations établies sur la fraternité et la confiance mutuelle) et de protection du bien commun (ce qui, de droit, revient à toutes et tous et qu'on ne peut unilatéralement s'approprier)[4]. La paix implique une dimension individuelle, celle du respect des personnes, mais la paix est aussi et complémentairement de nature relationnelle : penser le bien commun ou penser la construction de communs, penser la solidarité nécessite de concevoir une relation entre les personnes et les groupes sociaux. Donc tout ce qui tendrait à construire des équilibres sociopolitiques fondés seulement sur des groupes ou nations refermées sur elles-mêmes, sur leurs intérêts et leur sécurité, reviendrait à rendre fragile une paix durable. Non seulement ces groupes finissent par ne plus évoluer comme l'avait suggéré Henri Bergson[5], mais ils finissent par entrer en conflit avec d'autres et mettent en danger la paix au niveau global. Or, certaines technologies actuelles sont de nature à fragiliser la paix, dans la mesure où elles peuvent avoir comme conséquence de porter atteinte à la dignité des personnes, mais aussi de détruire la possibilité d'une édification d'un monde fraternel et solidaire. Mais, *a contrario*, de nombreux aspects de la technologie peuvent également être mis au service de la dignité et de la construction d'un réseau de relations fraternelles.

---

2. *Cf.* Daniel Moulinet, *L'Église, la guerre et la paix*, Cerf, « Histoire », 2016.

3. Sur ses causes, voir Frédéric Gros, *Pourquoi la guerre ?*, Albin Michel, 2023.

4. Nous disons ici le « bien commun », mais nous devrions aussi ajouter ce qui est construit progressivement comme « communs » (*cf.* Pierre Dardot et Christian Laval, *Commun, Essai sur la révolution au XXI*e *siècle*, La Découverte, 2014).

5. Henri Bergson, *Les deux sources de la morale et de la religion*, Presses universitaires de France, 1932. Voir, par exemple, la page 144 sur la nécessité pour les sociétés de « s'ouvrir des fenêtres sur le dehors [...] et de faire un effort constant pour élargir leur horizon ».

C'est dans ces perspectives qu'il convient de placer notre réflexion sur les nouvelles technologies. Ce qui caractérise les technologies de l'intelligence artificielle (IA) ou celles des robots autonomes est le degré d'autonomie qui est laissé aux systèmes par rapport à l'humain[6]. Un certain nombre de pouvoirs de décision et d'action sont délégués à des machines qui opèrent sans l'humain. Or, c'est dans cette autonomie, dans cette distance qui s'insère entre l'humain et la machine, que peuvent s'inscrire la possibilité d'une violation de la dignité des personnes et aussi l'effacement de la richesse des relations interpersonnelles. C'est ainsi qu'une éthique de la paix doit être attentive à la réintroduction de l'humain au cœur du processus technologique pour réguler cette autonomisation. Cette réintroduction peut être justement pensée sur le mode d'une *supervision humaine* : que l'humain garde toujours une sorte de maîtrise sur la mise en œuvre des technologies. Et c'est ici que les trois qualificatifs du message du pape, que nous avons évoqués en commençant, prennent toute leur importance.

« Une éthique attentive à la réintroduction de l'humain au cœur du processus technologique »

Une supervision *adéquate*

Le qualificatif « adéquat » désigne une supervision *appropriée* à la médiation technologique. Prenons, par exemple, un système de défense contre un type d'armes (obus de mortier, missiles hypersoniques, etc.) : il est clair que la supervision humaine ne peut être conçue en temps réel. Le temps de réaction humain, trop lent, reviendrait à rendre le système parfaitement inefficace. Est-ce à dire que la supervision est impossible ? Bien sûr que non ! En fait, la supervision pourrait consister d'abord à positionner ces systèmes de défense uniquement dans des zones où l'on ne pourrait pas risquer de provoquer des dégâts collatéraux envers des civils et leurs biens (du fait de la retombée de débris ou d'explosions de projectiles tout près d'habitations, d'écoles ou d'hôpitaux, etc.), afin de respecter le droit international humanitaire. La supervision pourrait ensuite être pensée dès la programmation des IA pilotant ces armes, en intégrant des systèmes

6 Dominique Lambert, « Éthique et machines autonomes : esquisse d'un discernement », *Autonomie et létalité en robotique militaire*, Cahiers de la *Revue de Défense nationale*, 2018, pp. 229-235.

permettant de les désactiver si, par aventure, elles sortaient des zones géographiques prévues initialement. Ce genre de supervision « *by design* » permet de conserver l'humain « *on the loop* » (sur la boucle) à défaut de pouvoir le conserver en tout temps « *in the loop* » (dans la boucle) : l'humain a ici un regard *sur* le processus de décision et d'action mais en n'intervenant pas nécessairement à tout moment *dans* ce processus. La supervision *adéquate* signifie ici celle qui est appropriée au système utilisé. Dans les systèmes de défense gérés par l'IA, elle consisterait à garder un contrôle de la zone précise d'opération (en empêchant que le système en sorte) et de l'ensemble des comportements *a priori* possibles des systèmes d'armes (en bloquant des actions contraires au droit international humanitaire) ainsi que posséder une connaissance la plus précise possible du type de menace et du genre de réponse proportionnée qui pourrait être mis en œuvre.

Cette approche ne signifie pas, bien entendu, qu'une supervision humaine *en temps réel* de l'utilisation d'un système d'armes ne pourrait pas se révéler adéquate à certaines situations. Si une autorité utilise un système d'IA pour sélectionner des cibles pertinentes au cœur d'un conflit se produisant dans un environnement complexe, il importe de réserver un espace pour une vérification humaine. L'absence totale de médiation humaine pourrait se traduire par des ciblages ne respectant pas le principe de distinction entre combattants et non-combattants ou de proportionnalité en raison de limites comme l'interprétation fallacieuse de corrélations entre données, l'erreur sur la reconnaissance d'images, l'erreur sur l'interprétation des paramètres du contexte, sur les intentions des acteurs... Si, dans le cas de l'usage de systèmes purement défensifs, il peut être légitime, dans certaines situations, de renoncer à une supervision en temps réel, il est important, dans les autres cas, de préserver des médiations humaines adéquates pour éviter, entre autres, que la logique de pure efficacité tactique ou stratégique inscrite dans les IA ne conduise à des violations du droit ou de l'éthique[7].

Une supervision *significative*

La supervision ne peut être seulement une sorte d'exigence minimale qui permettrait à l'utilisateur de se donner bonne

7. Nous renvoyons ici au beau livre de Laure de Roucy-Rochegonde, *La guerre à l'ère de l'intelligence artificielle, Quand les machines prennent les armes*, Presses universitaires de France, 2024.

conscience. Il faut qu'elle soit *effective*, que l'on puisse se rendre compte de l'existence de cette supervision ou de son absence. Pour le dire autrement, il faut que la supervision atteigne *un degré significatif*. Mais quel peut être ce critère d'effectivité de la supervision ? La signification d'une supervision se mesure à la manière dont on peut maintenir *une chaîne de responsabilités* claire[8]. Qui est susceptible de répondre en cas de dysfonctionnement du système ? Cette question est cruciale pour le rétablissement de la paix. Les victimes ont, en effet, besoin de savoir par qui et pourquoi elles ont été ciblées ? C'est ici aussi que les questions de *transparence* et d'*explicabilité* des systèmes sont cruciales[9]. En fait, la notion de supervision serait insignifiante si on brisait totalement la chaîne de responsabilités qui relie l'effet à sa cause. Le degré de signification de la supervision doit aussi se traduire par l'existence effective d'un système permettant de désactiver les machines dans le cas de comportements aberrants ou totalement immoraux. Ce genre de supervision passe ainsi par la connaissance, en amont, de certains biais qui pourraient affecter les systèmes d'armes. Une supervision sera significative si, lors du processus de conception et de développement de l'arme, toutes les précautions sont prises pour une analyse précise des biais dans les algorithmes et aussi dans les données qui servent à l'apprentissage. Les biais sont inévitables, mais ne pas les prendre en considération est une lacune et une faute morale importante. Un des aspects qui conditionnent le degré de significativité de la supervision est la conscience permanente du fait qu'un dispositif technologique n'est jamais neutre. Comme le dit l'encyclique *Laudato si'*, « il faut reconnaître que les objets produits par la technique ne sont pas neutres, parce qu'ils créent un cadre qui finit par conditionner les styles de vie et orientent les possibilités sociales dans la ligne des intérêts de groupes de pouvoir déterminés » (§ 107).

> **« *La supervision doit être présente depuis la conception jusqu'à l'utilisation du système* »**

La paix ne peut être obtenue en masquant les vrais intérêts en jeu lors du développement des technologies. Cette conviction nous amène

8. *Cf.* Luciano Floridi, *L'éthique de l'intelligence artificielle, Principes, défis, opportunités*, Mimesis, 2023, pp. 231-234.

9. *Cf.* Hervé Jacquemin et Alexandre de Streel (dir.), *L'intelligence artificielle et le droit*, Larcier, « Crids [Centre de recherches information, droit et société] », 2017.

à souligner que la supervision est une exigence qui doit être présente depuis la conception jusqu'à l'utilisation du système. Ce qui rejoint les exigences de l'article 36 du premier protocole additionnel (du 7 juin 1977) aux Conventions de Genève (Protocole I, du 12 août 1949) sur le suivi du processus de conception d'un nouveau système d'armes[10]. Cette supervision n'est significative que si elle est envisagée du début de la conception à son utilisation, tout au long de son processus de développement. La significativité passe donc aussi par toutes sortes de tests de conformité juridiques et éthiques.

Une supervision *cohérente*

La cohérence signifie ici que la supervision humaine doit assurer que les intentions de l'autorité légitime ne sont jamais perdues ou changées radicalement. Cette intention ultime est celle du rétablissement de la paix. L'utilisation de système d'armes autonomes ne devrait pas contribuer à vider de leur sens les intentions qui ont présidé à leur utilisation. L'incohérence reviendrait, selon nous, à utiliser un système qui, ultimement, ferait le contraire de ce que nous attendons de lui. Or, dans les nouvelles technologies douées d'autonomie, ce risque d'incohérence n'est pas exclu. Un essaim de drones autonomes ou un système doté d'une capacité de reprogrammation ou d'adaptation en fonction des environnements qu'il rencontre (liée, par exemple, à une capacité d'apprentissage profond) pourraient progressivement adopter des comportements contraires aux finalités fixées par une autorité légitime (militaire ou politique).

Savoir renoncer à la machine

La supervision humaine, même si elle peut être caractérisée par les trois qualificatifs que nous venons d'éclairer, n'est pas suffisante pour établir une paix durable. Il est important, à un certain moment,

10. Voir la contribution de Pauline Warnotte dans l'ouvrage collectif de Carl Ceulemans, Michael Dewyn, Dominique Lambert, Marie-des-Neiges Ruffo et Pauline Warnotte, *Robotisation des armées, Enjeux militaires, éthiques et légaux*, préface du général Benoît Royal, Economica, « Guerres – opinions », 2020 ; Comité international de la Croix-Rouge (CICR), *Guide de l'examen de la licéité des nouvelles armes et des nouveaux moyens et méthodes de guerre, Mise en œuvre des dispositions de l'article 36 du Protocole additionnel I de 1977*, contributions de Robin Coupland, Peter Herby et Kathleen Lawand, janvier 2006 (disponible sur *www.icrc.org*).

de renoncer à la médiation technologique, justement pour redonner sa place à des relations humaines non médiatisées. La médiation est un écran qui peut masquer ou diluer les responsabilités et aussi empêcher les liens de confiance. Mais toute la question est alors de savoir comment réintroduire cette dimension purement humaine ?

Il faut, pour que la paix soit rendue possible à un certain moment (et donc les relations fraternelles qu'elle implique), que l'on puisse renoncer à la machine. Plus précisément, il convient que l'on soit capable de penser une capacité effective de réintroduire l'humain au cœur d'un processus qui était dominé par une machine. Il s'agit donc de ne pas être subjugué par la machine (et par l'IA qui la pilote) au point d'en avoir fait une idole. La fascination pour l'efficacité et pour la performance peut égarer l'humain ! Il faut aussi croire à l'efficacité du maillon faible et lent qu'est l'humain. Mais la réintroduction d'une médiation humaine doit être pensée sur le fond d'expériences qui montrent, non pas seulement dans les domaines de la défense, mais aussi dans ceux de l'économie, de la finance, du droit… qu'elle peut être le gage d'une sécurité accrue, surtout si les systèmes d'IA et les machines autonomes font face à des situations tout à fait inédites, imprévisibles et « impréconcevables »[11] ou impliquant des dilemmes et des contradictions. Les situations concrètes de maintien de la paix ou de la sécurité ont parfois montré que la restauration du contact humain (quoique potentiellement dangereux, puisqu'il demande d'abandonner la protection technologique) pouvait être décisive dans l'établissement d'une paix. On sait d'ailleurs, dans la vie de tous les jours, qu'un contact humain dans les couloirs, entre deux portes, permet de régler pas mal de conflits qui apparaissent si l'on n'utilise que les courriers électroniques.

> ***« La paix repose souvent sur des gestes posés par des personnes en situation de vulnérabilité »***

La paix ne peut être ultimement et durablement établie si l'on s'imagine que les conflits pourront être réglés par la seule médiation technologique. La raison en est fondamentalement que la paix repose souvent sur des gestes posés par des personnes qui se mettent

11. Une situation est « impréconcevable » si elle appartient à un ensemble de possibilités que l'on ne peut déterminer *a priori* (parce qu'il est trop grand et inexplorable en temps raisonnable, par exemple). Stuart Alan Kauffman renvoie ici aux systèmes « non ergodiques » (ceux qui n'explorent pas dans leur évolution tous les états qui leur sont possibles) et donc pour lesquels on ne peut attribuer une mesure de probabilité. Ce terme a été introduit par cet auteur dans *Au-delà de la physique, L'émergence de la vie*, traduction de l'anglais par Julien Bambaggi, Dunod, « Quai des Sciences », 2021, pp. 7-26.

en situation de vulnérabilité ou acceptent de perdre des acquis ou des avantages pour redonner une chance à la relation. Il n'y a pas de solution pacifique à un conflit par la seule utilisation de technologies sophistiquées. Toutes les guerres récentes ont montré que la supériorité technologique ne donnait pas nécessairement un avantage en termes de pacification à long terme. Il faut joindre la diplomatie à la technologie, le dialogue à l'utilisation de machines qui fonctionnent sans l'humain. Une victoire acquise à un moment par la force brutale assistée de la technologie peut créer une situation de rancœur et de revanche fragilisant pour longtemps les équilibres entre les peuples et les nations et ouvrant la possibilité de nouvelles guerres dans le futur.

La technologie en soi est importante pour la sécurité et la défense, on ne peut le nier bien entendu, mais elle doit être supervisée. Et le caractère cohérent et significatif de cette supervision passe paradoxalement par un retrait de la médiation technologique à certains moments bien pensés. Ce retrait ne relève pas de l'ordre de la naïveté. Il doit être parfaitement réfléchi comme une sécurité supplémentaire permettant d'éviter des emballements technologiques qui risqueraient de se retourner contre ceux qui les ont mis en œuvre. Des auteurs actuels, comme Olivier Hamant, ont mis en évidence, dans les processus biologiques mais aussi sociaux, politiques ou économiques et numériques, la nécessité de briser la cohérence et la clôture formelle des systèmes pour assurer une stabilité dynamique et durable[12]. La stricte cohérence d'un processus peut mener à l'emballement et à l'autodestruction. L'humain est justement celui qui peut briser les cohérences, par la transgression raisonnée de règles, par la tolérance de contradictions… pour permettre l'adaptation et l'évolution. Henri Bergson recommandait déjà de briser les sociétés et les morales « closes »… pour assurer la viabilité de l'évolution humaine. La logique de guerre est souvent très cohérente. La paix mais aussi la démocratie comme telle demandent justement d'introduire des moments où l'on renonce à sa propre cohérence pour assurer le dialogue et la réconciliation. La supervision dont

12. Olivier Hamant, *De l'incohérence, Philosophie de la robustesse*, Odile Jacob, 2024. Ce livre est très inspirant pour le sujet qui nous occupe. En effet, en suivant l'esprit de cet ouvrage, on pourrait dire que le renoncement à la performance et à la force assurée par une arme assistée par l'IA, par exemple, pourrait être vu comme une « incohérence » de la part des militaires. Mais, dans certains cas, cette « incohérence » locale pourrait donner une nouvelle chance à la négociation diplomatique et à une confiance retrouvée alors que l'enfermement dans la cohérence des logiciels ne pourrait conduire qu'à une amplification du conflit.

nous parlons est précisément l'occasion de briser les cohérences menant à la violence[13].

* * *

La demande de supervision humaine des technologies désirée par le pape François dans son message pour la Journée de la paix 2024 n'est donc pas une injonction seulement morale mais elle correspond à une condition nécessaire à la sécurité de tout processus évolutif complexe. C'est peut-être cet élément qui a manqué à toutes les grandes utopies assises sur le progrès technologique et qui a pu les rendre dangereuses et dévastatrices pour la planète : l'enfermement dans une logique technologique parfaitement cohérente, close sur elle-même, se pensant comme autosuffisante et risquant du même coup l'emballement destructeur. Remettre au centre, par une supervision appropriée[14], le maillon faible et lent, le chaînon incohérent et contradictoire, mais doué d'un corps[15] et d'une empathie, voilà une des conditions pour une utilisation des technologies compatible avec une paix durable[16].

Dominique LAMBERT

13. D. Lambert, « Robots armés et éthique : maintenir l'humain au cœur du problème », *Revue d'éthique et de théologie morale*, n° 299, 2018, pp. 3-46 ; D. Lambert, « Autonomous Weapons and Cyberconflicts, How Christian Ethics can deal with war's new face ? », *Angelicum*, n° 97/1, 2020, pp. 93-105 ; D. Lambert, « Fondements éthiques d'une approche humainement signifiante du problème des Salas [systèmes d'armes létales autonomes] », dans *Les enjeux de l'autonomie des systèmes d'armes létaux, Actes du colloque coorganisé par le Centre de recherche de l'Académie militaire de Saint-Cyr Coëtquidan et la Croix-Rouge française*, Éditions Pedone, 2022, pp. 133-142.

14. Nous rejoignons ici la pensée de Noémi Bontridder : « Les armes létales autonomes et le droit international humanitaire : le nécessaire contrôle humain sur l'usage de la force », dans Hervé Jacquemin (dir.), *Time to reshape the digital society, 40th anniversary of the Crids*, Éditions Larcier, 2021, pp. 407-440.

15. *Cf.* Pascal Marin, *Le robot et la pensée, Contre-philosophie de l'homme-machine*, Cerf, 2019 : « Le vrai sujet de la connaissance est un être de chair au fondement oublié des idéaux de l'homme-machine » (p. 46).

16. L'Église a soutenu dans les instances internationales la nécessité de maintenir cette supervision pour assurer une conformité au droit international humanitaire et aux principes d'une éthique fondée sur la dignité de la personne : voir *The Humanization of Robots and the Robotization of the Human Person, Ethical Perspectives on Lethal Autonomous Weapons Systems and Augmented Soldiers*, avec une sélection de textes de l'enseignement de l'Église sur les systèmes d'armes létaux autonomes, The Caritas in Veritate Foundation Working Papers, 2017 ; Alice de La Rochefoucauld et Stefano Saldi (éd.), *Human Fraternity in the Cyberspace, Ethical Challenges and Opportunities*, avec une sélection de textes récents de l'enseignement de l'Église sur le cyberspace, The Caritas in Veritate Foundation Working Papers, 2022.

Société

CHRONIQUE

de Jean-Philippe Pierron

Philosophe, Université de Bourgogne,
directeur de la chaire « Valeurs du soin ».

Évangéliser notre regard sur nos poubelles

La tradition biblique se souvient de vieilles outres, de sépulcres blanchis, d'ivraie ou d'*excreta* humains, comme elle garde mémoire de dépotoirs. Ceux-ci brûlent sans fin comme ces décharges sauvages d'avant nos déchetteries ; comme ces tas consumant les déchets venus de toute l'Europe, du côté de Naples. Telle est la géhenne (Matthieu 5,22), cette étroite vallée du sud-ouest de Jérusalem, devenue un dépotoir pestilentiel. Antique histoire de l'ordure : là où il y a des humains, il y a des rebuts. On suit les humains à leurs restes comme d'autres pistent les loups à leurs laissées. Pourquoi l'Évangile médite-t-il sur le déchet ? Quelle conversion écologique porter sur ces restes dont nous ne voulons d'ordinaire rien voir ni savoir, les expulsant parfois à l'autre bout du monde, pour ne pas remettre en cause nos modes de vie ? Quel soin environnemental à l'heure de déchets à l'ampleur continentale ?

La géhenne, avant d'être la métaphore du feu de l'enfer, fut le lieu du rebut, du reste, du rien. Elle désigne ce dont l'humain s'éloigne en permanence pour se définir. Elle active l'archaïque symbolique de la souillure, l'humain risquant la mort par contamination. Le déchet, le mot l'indique, est ce qui a chu. Il est ce qui doit chuter pour que nous vivions, avant d'un jour chuter nous-mêmes, puisque, de perte en perte, notre corps finira, lui aussi, par « tomber » (*cadaver*, en latin). Mais l'évangéliste s'y attarde non pour le rejeter mais pour en faire résonner la trouble hantise éthique et politique. Le lieu du rejet, considéré comme abject, est aussi un lieu où scruter la vie. Nos modes d'existence ordonnés n'aiment pas l'ordure. Le dépotoir est le lieu des reclus, des pestiférés, de nos lèpres. Le déchet est le côté visqueux de notre monde. Les choses, les vivants et les humains y vivent d'une thermodynamique généralisée. Ils sont placés sous la possibilité du désordre, du hors d'usage, du brisé, du cassé, du délaissé. Mais où sont nos géhennes d'aujourd'hui et nos nouveaux pestiférés ? Quel regard portons-nous sur ces vulnérables dont nous ne voulons pas être ? Ils sont là où celles et ceux, trop nombreux, vivent *sur*, parfois *de* nos tas d'ordures, près de nos centrales d'incinération, des sites d'enfouissement de déchets toxiques, nucléaires ou, de plus en plus, électroniques. Des chiffonniers du Caire ou d'Emmaüs aux gens du voyage en France, des démanteleurs d'ordinateurs du Congo aux collecteurs de cartons de Nairobi jusqu'aux zones rurales, le déchet surligne l'étrange communion des plus fragiles, la terrible conjugaison des injustices environnementales et des injustices sociales, et l'effroyable circulation planétaire des rebuts. L'ordure est notre double honteux. On parle aujourd'hui du « Poubellien »[1] comme l'âge où les déchets humains sont planétaires, géologiquement traçables dans de nouvelles formations minérales, les plastiglomérats[2].

La géhenne définissait un territoire du rejet identifiable et proche. Aujourd'hui, la trajectoire de nos artefacts déchus s'est mondialisée. Notre géhenne est partout. Car, si l'on emploie le même verbe pour le désigner, on ne jette pas une pile comme une outre hors d'usage. En effet, qui peut répondre à cette simple question : où vont mes ordures ? Entre l'entrée dans la grande tuyauterie qu'est à sa manière la bouche de notre poubelle et, à sa sortie, la grande machine à trier d'une industrie à expulser, se joue cette part du monde dont nous ne voulons plus. Cet éloignement fait oublier l'impact social, écologique et « hontologique » de notre culture du déchet. Celle-ci confronte, par le rebut, au rien, à un néant qui dit combien nos styles de vie fluides et faciles, pour les plus aisés, reposent sur une culture dont nos détritus sont le lugubre reflet. Choisissons-nous la mort ou la vie (Deutéronome 30,19) ? Si nos gestes sont les bras trieurs de la grande industrie du tri planétaire, celle-ci nous dessaisit aussi du sens de nos gestes et de nos liens. Elle dirige vers l'incinérateur, la mise en décharge, le compostage ou le méthaniseur, le recyclage industriel ou l'exportation intercontinentale des déchets radioactifs ou informatiques. Mais elle anesthésie l'œuvre au noir de nos rejets, nous appauvrissant du sens de nos appartenances engagées dans nos tris. Méditer cette confrontation au rien, n'est-ce pas rechercher ce que pourraient être des liens vivants à notre Terre ? Peut-on évangéliser notre regard sur nos poubelles, se demandant : « Ai-je choisi, la remplissant, la vie ? Et quelle vie ? »

---

1. Les termes de « Poubellocène » ou « Molysmocène » (« âge des déchets », en grec) se rencontrent également.

2. Claire Larroque, *Philosophie du déchet*, Presses universitaires de France, 2024, p. 374.

LE PAPE FRANÇOIS ET LES POUVOIRS DE L'HISTOIRE

Guillaume CUCHET

La Lettre sur le renouvellement de l'étude de l'histoire de l'Église *(21 novembre 2024) du pape François mérite d'être lue. Elle plaide pour acquérir le sens de l'historicité de la condition humaine. Cette démarche passe par une connaissance sérieuse de l'histoire, en particulier celle des grands textes de la tradition. Elle implique une attention à l'histoire des marginaux et des exclus. Elle invite à renoncer à une conception trop angélique de l'Église.*

Il est de bon ton, dans certains milieux du catholicisme français, de regarder de haut, voire de dauber les textes du pape François, réputés inférieurs à ceux de son prédécesseur Benoît XVI, un théologien de haute volée, voire de Jean Paul II, dans une veine plus philosophique, même si son encyclique sur l'écologie *Laudato si'* de 2015 a fait grand bruit. J'entends encore Alain Besançon (1932-2023) me dire tout le mal qu'il pensait de *Fratelli tutti* (2020) et de la « petite marmelade sud-américaine » avec laquelle le pape lui paraissait avoir assaisonné de banales idées « humanitaires ». Tel n'est pas mon avis, même s'il faut bien reconnaître que, douze ans après ses débuts, le pontificat du pape François reste un peu énigmatique. Les historiens auraient mauvaise grâce, en tout cas, à ne pas saluer le plaidoyer en faveur de l'histoire que François vient de publier dans sa *Lettre sur le renouvellement de l'étude de l'histoire de l'Église*[1].

1. J'ai eu l'occasion de parler de ce texte avec plusieurs historiens : Philippe Boutry, Paul Airiau, Bernard Minvielle, Stéphane Audoin-Rouzeau, Étienne Fouilloux, Antoine Prost et Yvon Tranvouez. Je les en remercie même si les lignes qui vont suivre n'engagent que moi.

Elle forme avec celle qu'il a consacrée cet été à la littérature[2], chaleureusement saluée dans une tribune du *Monde* du 24 août 2024 par le professeur de littérature comparée au Collège de France William Marx[3], un diptyque consacré à la formation sacerdotale dont l'intérêt nous paraît dépasser le cercle de ses premiers destinataires. Ce souci d'élargir et de désenclaver les bases de la formation sacerdotale et des « agents pastoraux » n'est peut-être pas sans lien chez lui avec celui de lutter contre les méfaits du « cléricalisme » dans l'Église, considéré comme un des principaux paramètres de la crise dite « des abus sexuels[4] », qui était déjà au cœur de sa *Lettre au peuple de Dieu* d'août 2018.

L'histoire de l'Église, à la différence de la littérature, fait partie de longue date du cursus de la formation sacerdotale. Elle y occupe une place certes secondaire par rapport à la théologie, la philosophie ou l'exégèse biblique, mais classique, et que personne ne songe à lui contester, même s'il est assez probable tout de même que le volume horaire et l'importance qu'on lui consacre sont allés diminuant ces dernières années. C'est ce que souligne le pape dans son texte et c'est bien l'impression que je retire en effet de quinze ans d'enseignement de l'histoire contemporaine de l'Église à l'Institut catholique de Paris (ICP) : sa part s'est réduite comme peau de chagrin. Ce n'est pas tout à fait comme la formation musicale et les arts plastiques au collège, mais pas loin.

François n'est évidemment pas le premier pape à parler d'histoire, même si on pourrait en avoir l'impression parce qu'à aucun moment dans son texte (mais il est coutumier du fait), il ne se réfère aux prises de position de ses prédécesseurs sur le sujet, non plus d'ailleurs qu'à un texte antérieur au concile Vatican II. À ma connaissance, le premier pape à l'avoir fait est Léon XIII en 1883 dans une lettre sur les études historiques[5] qui eut alors un certain retentissement (le XIXe siècle, dit-on couramment et non sans quelque raison, est le siècle de l'histoire) et qui venait trois ans après sa décision révolutionnaire d'ouvrir les Archives vaticanes et la Bibliothèque apostolique

2. Pape François, *Louée soit la lecture, Lettre sur le rôle de la littérature dans la formation*, préface de William Marx, Équateurs, 2024.

3. Voir aussi « Le pape François et la littérature », entretien avec William Marx, *Études*, n° 4320, novembre 2024, p. 95-105 (sur *www.revue-etudes.com*).

4. Hervé Legrand, « Abus sexuels et cléricalisme », *Études*, n° 4259, avril 2019, pp. 81-92 (sur *www.revue-etudes.com*).

5. Léon XIII, *Sæpenumero considerantes*, 18 août 1883.

aux chercheurs[6]. La perspective était nettement apologétique : dans le cadre de la « question romaine » (la perte par la papauté de ses États), il s'agissait de défendre le bilan de l'Église, mais la confiance dans la capacité de la vérité à l'emporter et des archives à l'établir était totale et, dès lors qu'elle était sincère, susceptible de mener loin. Au-delà, de la crise moderniste au début du XXe siècle, qui portait déjà, pour une bonne part, sur des questions d'histoire, à la théologie de la « repentance » de Jean Paul II aux abords du troisième millénaire[7], en passant par les longues discussions sur les « silences » de Pie XII sur la Shoah pendant la Seconde Guerre mondiale, la réflexion sur le sujet s'est poursuivie et enrichie[8]. C'est à l'intérieur de cette tradition qu'il faut remettre la réflexion récente du pape pour tâcher de voir ce qu'elle prolonge ou, au contraire, ce qu'elle apporte de neuf.

> **« Mieux comprendre non seulement l'histoire de l'Église mais la « réalité sociale » »**

William Marx considère que la lettre du pape sur la littérature, qui venait elle-même après un texte étonnant, surtout de la part d'un pape jésuite, sur Blaise Pascal (*Sublimitas et miseria hominis*, 19 juin 2023), constitue un « changement de paradigme » dans la manière dont le magistère pontifical a posé historiquement la question des rapports entre la littérature et la foi[9]. Il y a vu une invitation gratuite à découvrir pour leur propre compte les pouvoirs de la littérature. Peut-on en dire autant, *mutatis mutandis*, de la lettre de François sur l'histoire de l'Église ?

Un plaidoyer pour la sensibilité historique

L'originalité du texte du pape est qu'il plaide moins pour l'histoire de l'Église en tant que telle que pour la promotion de la « sensibilité historique » en général. L'objectif est de mieux comprendre non seule-

6. Sur Léon XIII et l'histoire, voir Philippe Boutry, « Léon XIII et l'histoire », dans Philippe Levillain et Jean-Marc Ticchi (dir.), *Le pontificat de Léon XIII, renaissance du Saint-Siège ?*, École française de Rome, n° 358, 2006, pp. 35-53.

7. Voir notamment le document publié par la Commission théologique internationale, alors présidée par le cardinal Joseph Ratzinger, *Mémoire et réconciliation, L'Église et les fautes du passé*, Cerf, 2000.

8. Voir les contributions rassemblées par Yves-Marie Hilaire dans un colloque qui a fait date : *De Renan à Marrou, L'histoire du christianisme et les progrès de la méthode historique (1863-1968)*, Presses universitaires du Septentrion, 1999.

9. Il emploie l'expression dans la préface à *Louée soit la lecture, op. cit.*, p. 13.

ment l'histoire de l'Église mais la « réalité sociale », voire la « dimension historique propre à l'être humain », insistance sur l'historicité de la condition humaine peu commune de la part d'un théologien, *a fortiori* d'un pape. « Une sensibilité historique correcte, *écrit-il*, aide chacun de nous à avoir le sens des proportions, le sens de la mesure et une capacité à comprendre la réalité sans abstractions dangereuses et désincarnées, telle qu'elle est et non pas telle qu'on l'imagine ou qu'on voudrait qu'elle soit. » Mais qui dit sensibilité historique « véritable » ou « correcte » suggère aussi qu'il pourrait y en avoir une « mauvaise » qu'il faudrait combattre et qui, dans le texte du pape, me paraît emprunter quatre visages différents.

• Le premier est celui d'une histoire apologétique et idéalisée « qui nous fait comprendre la réalité uniquement à partir de la défense triomphaliste de notre fonction et de notre rôle ». « Triomphaliste », le terme n'est pas anodin. C'est même une sorte de signature générationnelle (le pape est né en 1936) liée à l'expérience du concile Vatican II (1962-1965) et au souci de l'époque de se démarquer du catholicisme préconciliaire et de sa visibilité jugée excessive. Il faudra un jour écrire l'histoire de cette catégorie rapidement devenue envahissante. Le terme même, né de la combinaison de l'adjectif « triomphal » et d'un suffixe en « isme » qui en redouble la portée, comme une sorte de triomphe au carré, désigne une attitude qui consiste à afficher sans retenue sa satisfaction d'avoir remporté un succès, plus généralement une forme de confiance en soi exagérée. Le *Trésor de la langue française informatisé*[10] cite comme occurrence la plus ancienne du terme un extrait anonyme (mais peut-être d'Henri Fesquet, le chroniqueur religieux du journal) du *Monde* du 13 novembre 1964, à propos d'un prochain voyage de Paul VI en Inde : « C'est un geste de triomphalisme plus ou moins conscient de la part de la Curie, le pape devant se servir de cette luxueuse automobile [on ne disait pas encore "papamobile"] au cours de ses déplacements en Inde. »

• Le deuxième visage de la mauvaise sensibilité historique est celle d'une histoire qui tairait les pages sombres de l'histoire de l'Église, ses erreurs, ses chutes, voire ses crimes. On peut s'étonner ici de ne pas trouver mention de la réflexion approfondie de Jean Paul II, dans le

10. Le *Trésor de la langue française informatisé* (TLFi) est la version informatisée, gratuite et mise à jour jusqu'en 1994 du *Trésor de la langue française* (TLF), un dictionnaire des XIXe et XXe siècles en seize volumes et un supplément, proposant 100 000 mots et leur histoire, 270 000 définitions et 430 000 exemples (sur *http://atilf.atilf.fr/*).

cadre de la préparation du Jubilé de l'an 2000 et du troisième millénaire, sur les « fautes de l'Église » et la « purification de la mémoire ». La démarche, sans véritables précédents, avait été commencée en 1964 par Paul VI dans le cadre du ralliement récent de l'Église au dialogue œcuménique et de la levée des excommunications de 1054 avec les orthodoxes[11]. Elle a été étendue et transformée par Jean Paul II dans diverses interventions, notamment dans sa lettre apostolique *Tertio millennio adveniente* du 10 novembre 1994. On peut renvoyer, à ce sujet, à l'ouvrage du principal conseiller de Jean Paul II lors de l'ouverture des archives du Saint-Office et de l'Index en 1998, le théologien dominicain suisse et cardinal Georges Cottier[12]. Il avait offert sur le moment une sorte de justification et de mode d'emploi de la décision pontificale. Au centre de la démarche : les croisades, l'Inquisition, l'affaire Galilée, l'esclavage et surtout, qui jouaient un rôle éminent et même matriciel : les péchés contre l'unité des chrétiens et la Shoah. On retrouve une partie de ces motifs de repentance chez François, Shoah comprise, mais dans une perspective moins européo-centrée et avec une insistance particulière sur des fautes « nouvelles », plus en rapport avec les préoccupations du « Sud global » : le traitement des peuples indigènes, la colonisation, l'esclavage et les massacres ethniques.

« D'aucuns pourraient s'étonner de ne pas trouver mention du problème des « abus sexuels » »

D'aucuns pourraient s'étonner de ne pas trouver mention ici du problème des « abus sexuels » dans l'Église, « crime de masse » selon certains, en tout cas largement répandu, dont on a dit plus haut qu'il était probablement une des raisons de ce souci de faire évoluer la formation cléricale. Comment expliquer un tel silence ? Après tout, le rapport de la Commission indépendante sur les abus sexuels dans l'Église (Ciase), publié le 5 octobre 2021, comportait un fort volet historique, même si ce n'est pas celui qui a le plus retenu l'attention. On sait qu'on n'en a pas pensé que du bien à Rome et qu'à la limite, on a considéré qu'il était l'exemple même de ce qu'il ne fallait pas faire. Pour quelles raisons ? Faut-il penser aux incertitudes de la projection de l'Inserm (Institut national de la santé et de la recherche médicale)

11. Paul VI, discours d'ouverture de la deuxième session du Concile, le 29 septembre 1964, dans *Enchiridion Vaticanum*, 1 (106), n° 176.

12. Georges Cottier, *Mémoire et repentance, Pourquoi l'Église demande pardon*, préface de Roger Etchegaray, Parole et Silence, 1998.

ayant conduit au chiffre, peut-être un peu rapidement canonisé[13], de 320 000 victimes depuis les années 1950 ? À certains jugements canoniques ou ecclésiologiques inclus dans le rapport qui auraient été jugés déplacés ? Ou encore, comme le pape l'a exprimé à une ou deux reprises[14], une approche considérée comme anachronique, consistant à évaluer selon des critères d'aujourd'hui des actes qui n'étaient pas perçus de la même façon dans les années 1950 ? On en est réduit aux hypothèses mais la raison principale tient peut-être plus simplement au fait que le pape invite, dans le paragraphe *ad hoc*, à garder mémoire des crimes *généraux* de l'histoire, et pas seulement de l'Église (il est aussi question de Hiroshima et de Nagasaki, par exemple), tout en rappelant aussi la part du bien.

• Troisième figure de la mauvaise sensibilité historique : le « présent sans passé » des médias et des réseaux sociaux, la multiplication des jugements péremptoires sans contextualisation, parfaitement anhistoriques le plus souvent, dont les jeunes en particulier sont les premières victimes. Le pape aurait-il lu François Hartog ? On pourrait le croire tant la description qu'il donne du phénomène correspond à ce que celui-ci appelle le « présentisme »[15]. Dans sa conclusion, le pape plaide pour la culture « réelle », ses délais incompressibles, ses contraintes techniques, ses défilés laborieusement dégagés. Ils ne sont pas si nombreux à le faire de nos jours.

• Le quatrième et dernier visage de la mauvaise histoire est la prolifération des mémoires « idéologiques », « identitaires », « d'exclusion », récits historiques « tendancieux » qui nourrissent les haines et les conflits. François plaide ici, classiquement, pour l'histoire contre la mémoire, la mauvaise en tout cas. Ce n'est sans doute pas un hasard s'il se réfère à plusieurs reprises à *Fratelli tutti* qui, dans sa première partie, évoquait déjà « les ombres d'un monde fermé » et le spectre d'une « troisième guerre mondiale par morceaux » qui aurait déjà commencé.

---

13. Par rapport aux témoignages parvenus dans les deux commissions mises en place pour les clergés régulier et séculier, il semble qu'on soit dans un *ratio* quasiment de un à cent, ce qui fait tout de même beaucoup, même si le problème de l'explication de cet écart reste entier.

14. Voir ses propos du 6 décembre 2021, dans l'avion qui le ramenait d'Athènes à Rome, sur la nécessité d'interpréter les situations dans l'« herméneutique de l'époque », rapportés dans *La Croix* du 7 décembre 2021.

15. François Hartog, *Régimes d'historicité, Présentisme et expériences du temps*, Seuil, 2003, réédition Seuil, « Points histoire », n° 458, 2015.

La nouvelle histoire de l'Église

À partir de là, le pape avance quelques « petites observations » à partir desquelles réformer l'histoire de l'Église telle qu'on la pratique ou l'enseigne de nos jours, dans une partie du monde catholique tout du moins. Se dessine en creux le profil d'une histoire de l'Église qui aurait intégré cette sensibilité au monde social extérieur et l'historicité de la condition humaine, et qui se démarque d'une histoire plus traditionnelle, apologétique et doctrinale, qui n'avait souvent d'histoire que le nom.

« La difficulté permanente de la théologie à se connecter au monde réel »

• La première observation relève des considérations de méthode. Le pape recommande de ne pas s'en tenir à « une approche purement chronologique » de l'histoire, donc d'en avoir aussi une thématique ; de renoncer à « une orientation apologétique erronée » (sans qu'on sache très bien si c'est l'apologétique qui est erronée *en soi* : après tout, l'Église a des adversaires, voire des ennemis, qui pourraient n'être pas toujours bien informés ou de bonne foi, ou certaines de ses formes seulement) ; de ne pas s'en tenir enfin à l'histoire de la théologie ou de la spiritualité, c'est-à-dire à une histoire apologétique des *doctrines* chrétiennes pour laquelle l'histoire ne serait qu'un théâtre, voire un décor, sans tenir compte de leurs rapports dialectiques avec les pratiques, la culture et les mentalités.

• Il est ensuite nécessaire de replacer l'histoire de l'Église dans l'histoire des sociétés. Le pape souligne la difficulté permanente de la théologie à se connecter au monde réel. Souvent les théologiens qui en ont le souci demandent aux philosophes (par exemple, hier, à Marcel Gauchet : on peut plus mal tomber) ou aux sociologues (avec une préférence pour les profils les plus spéculatifs) de leur fournir une grille de lecture du monde social ou de l'histoire qui puisse en tenir lieu. On ne peut pas être spécialiste de tout et force est de reconnaître que les laborieuses descriptions de l'historien n'aident guère, le plus souvent, à monter en généralité, et donc aussi en chaire. J'ai souvenir d'une discussion ancienne avec un théologien français en poste à Rome qui me disait, non sans franchise, que quand, par exception, il lisait un livre d'histoire, il avait le sentiment de perdre son temps parce qu'*in fine*, il ne lui restait rien d'utilisable, ni concepts ni thèses. On ne peut pas lui donner complètement tort. Bien des livres d'histoire sont des collections de faits sans âme dans lesquels les détails empêchent de voir la perspective, mais n'était-ce pas aussi suggérer par là même qu'on avait un problème avec le réel ?

• Le pape plaide aussi pour le ressourcement par l'histoire, la lecture notamment des grands textes de la tradition chrétienne : la *Lettre à Diognète* (souvent invoquée depuis Henri-Irénée Marrou, qui en avait donné une édition savante en 1952[16], comme un retour possible à la case départ du christianisme), la *Didachè*, les *Actes des martyrs* (ceux de Lyon, par exemple, si saisissants, ou la Passion de sainte Perpétue), là où, autrefois, on aurait sans doute davantage insisté sur la patristique, donc les premières synthèses *théologiques* du christianisme. C'est à l'histoire des martyrs, des vaincus, plus généralement du christianisme d'avant l'officialisation du IVe siècle et les compromissions du pouvoir, « préconstantinien » aurait-on dit jadis, que renvoie le pape en priorité. On pense à la formule des républicains au début de la Troisième République : « La République, qu'elle était belle sous l'Empire ! »

• Suit un plaidoyer, qui paraît un peu curieux de prime abord, pour « la passion et l'implication » de l'historien, en plus de la rigueur et de la précision qu'on est en droit d'attendre de lui. Il fait un peu penser aux réflexions de Charles Péguy ou de Henri-Irénée Marrou, là encore, sur le bon usage de la subjectivité en histoire, qui ne serait pas seulement un problème à contrôler pour l'historien mais une chance à exploiter, et le moyen pour l'enseignant de se porter à un certain niveau d'intensité qui allume l'intérêt pour la chose enseignée sans être incompatible avec la froideur du raisonnement (les contrastes de température font partie de l'exercice).

C'est à ce moment-là de son propos que le pape utilise l'expression « faire de l'histoire », entre guillemets mais sans indication de provenance, allusion possible, et même probable, à un article, bien connu dans le petit monde des historiens, de Michel de Certeau de 1970[17]. On se souvient que, quand il est devenu pape, dans un entretien accordé aux revues culturelles de la Compagnie de Jésus[18], il avait expliqué qu'il avait eu deux maîtres, Henri de Lubac et Michel de

16. *À Diognète*, introduction, édition critique, traduction et commentaire par Henri-Irénée Marrou, Cerf, « Sources chrétiennes », n° 33, [1952] 1965.

17. Michel de Certeau, « Faire de l'histoire », *Recherches de science religieuse*, tome LVIII, 1970, pp. 481-520, repris dans son livre *L'écriture de l'histoire*, Gallimard, 1975, pp. 27-62.

18. « Interview du pape François aux revues culturelles jésuites », réalisée par le père Antonio Spadaro, *Études*, n° 4194, octobre 2013, p. 2 (sur *www.jesuites.com*).

Certeau. Le premier est une référence assez classique pour un jésuite de sa génération (théologien, au demeurant, qui a fait beaucoup d'histoire), le second l'est beaucoup moins, même s'il ne disait pas à quelle partie de l'œuvre multiforme du jésuite français disparu en 1986 il pensait. On a souvent dit à l'époque qu'il devait s'agir du « premier » Certeau, l'historien de la spiritualité des années 1950-1960, des jésuites Pierre Favre et Jean-Joseph Surin notamment, déjà virtuose certes (au point d'inquiéter certains de ses confrères comme le père Pierre Blet), mais encore assez classique. C'est bien probable en effet, mais on finit tout de même par se demander si l'influence certalienne chez le pape se réduit à cette initiation aux classiques de la Compagnie[19].

> **« La vraie nouveauté du texte paraît résider dans sa plaidoirie pour l'histoire en général »**

• Dernière recommandation : l'attention à l'histoire des marginaux et des exclus, et pas simplement du « peuple chrétien », par opposition aux clercs. Ici, le lien avec la « théologie du peuple » argentine[20], cette version non marxiste de la théologie de la libération sud-américaine dans laquelle a été formé le pape, est assez apparent.

Un changement de paradigme ?

Si nous revenons maintenant à notre question initiale, celle de savoir si la lettre de François représente un changement de paradigme en matière d'histoire de l'Église ou, au moins, de perspective notable, il me semble qu'on peut dire les choses suivantes.

Notons, en premier lieu, que le pape ne dit rien de la question des archives, donc de la possibilité de *faire* de l'histoire de l'Église et pas seulement de l'*enseigner*. Depuis mars 2020, elles sont ouvertes pour la période du pontificat de Pie XII (1939-1958) et les historiens ont d'ores et déjà commencé d'en explorer les richesses, surtout pour la période postérieure à 1945 (parce qu'on avait déjà beaucoup parlé de la Seconde Guerre mondiale). Les chercheurs rencontrent encore parfois des difficultés dans l'accès à certaines archives, dans les dossiers sensibles

19. Le pape François se réfère aussi à Michel de Certeau dans sa *Lettre sur le rôle de la littérature dans la formation*, préface de William Marx, Équateurs, 2024, p. 52.

20. Luis Martínez Saavedra et Pierre Sauvage, « La théologie du peuple, Un rameau de la théologie de la libération », *Études*, décembre 2016, n° 4233, pp. 61-71 (sur *www.revue-etudes.com*).

notamment. Les problèmes de l'enseignement et de la recherche sont distincts mais ils ne sont pas sans lien, et il ne faudrait pas qu'une attitude libérale prévale dans un domaine et non dans l'autre.

La vraie nouveauté du texte de François paraît résider dans sa plaidoirie pour l'histoire en général, et pas seulement pour l'histoire de l'Église. En cela, le parallèle avec sa *Lettre sur le rôle de la littérature dans la formation* est frappant. L'étude historique donne le sens du réel, explique-t-il en substance. Vérité flatteuse (pour les historiens) mais profonde, dont eux-mêmes ne s'avisent souvent que très progressivement. J'ai toujours été frappé par le fait que les historiens blanchis sous le harnais, quand on les interroge au soir de leur vie sur des événements qu'ils ont vécus et auxquels ils ont parfois participé, font souvent aussi les meilleurs témoins, habitués à se regarder de l'extérieur, du type de ceux qu'ils espèrent toujours rencontrer dans leurs enquêtes au milieu des matériaux bruts et des produits semi-finis de leur documentation. La rencontre du « bon témoin » dans un dossier est toujours un événement marquant.

On pourrait rapprocher le texte du pape, de ce point de vue, de la formule qu'il a eue en 2013 dans son exhortation apostolique *Evangelii gaudium* : « Le temps est supérieur à l'espace. » Formule suggestive mais faussement claire, dont le sens reste un peu sibyllin quand on va en chercher l'explication dans le paragraphe 222 du document pontifical d'où elle est extraite. Le pape l'évoque comme un des quatre principes censés guider la « doctrine sociale de l'Église », avec trois autres : « l'unité prévaut sur le conflit », « la réalité est plus importante que l'idée » et « le tout est supérieur à la partie ». On serait tenté de l'appliquer à la fameuse distinction des « périphéries » et du « centre » dans l'Église qui aura été au cœur de son pontificat.

En matière d'histoire de l'Église, en revanche, la nouveauté me paraît moindre. La réflexion du pape est très marquée par les grandes intuitions de Vatican II et la manière dont le Concile a été appliqué dans les pays qui l'ont « pensé » en priorité, en Europe de l'Ouest notamment. Il y a beau temps qu'on est passé chez nous de l'« histoire de l'Église » à l'« histoire religieuse » et qu'on enseigne à peu près la même histoire dans les facultés d'État et dans les séminaires (ce qui a pu faire tiquer un temps, sous Benoît XVI, où l'on a parfois rappelé qu'elle était aussi une discipline théologique et qu'on pourrait peut-être exiger des enseignants concernés les grades adéquats). On pense parfois, en lisant ces recommandations, à des ouvrages comme l'*Histoire vécue du peuple chrétien* (Privat, 1979) qu'avait dirigée en son temps Jean Delumeau[21]. Si l'on osait, on dirait que c'est peut-être une nouveauté pour les périphéries, où l'on serait resté davantage fidèle à l'ancienne version de la discipline, mais pas pour le vieux centre : il faut bien que l'âge ait quelques privilèges ! Pour le reste, avec nos statistiques calamiteuses et les turpitudes sexuelles de nos pères étalées au grand jour, le moins qu'on puisse dire est que nous sommes à l'abri du triomphalisme, sauf peut-être dans certains courants minoritaires qui se consolent du déclin général par le spectacle de leur bonne santé relative.

« Une ecclésiologie modeste, réaliste, voire légèrement pessimiste »

Mais là n'est peut-être pas l'essentiel. « *Questo papa è un pò furbo* », a-t-on dit de François, formule qu'il a reprise à son compte (en rappelant que *furbo* en italien est un faux ami, l'équivalent de « rusé » ou même de « malin » en français) : « Ce pape est un peu malin. » On a l'impression que c'est de l'Église, plus encore que de son histoire, que le pape veut nous parler : la nouveauté est plus *ecclésiologique* qu'*historiographique*. Et on voit bien, dans cette perspective, le lien avec son propos liminaire sur la mauvaise ecclésiologie que constituerait le « monophysisme ecclésiologique » dénoncée par un « grand théologien français », dont le pape ne donne pas le nom mais dont on peut se demander s'il ne s'agit pas d'Yves Congar (1904-1995)[22], dominicain qui a joué un rôle majeur au Concile et qui a la particularité d'avoir été aussi un grand historien et un témoin hors pair (son *Journal du Concile* [Cerf, 2002], notamment, est une des meilleures sources sur Vatican II).

Le monophysisme est une hérésie christologique du Ve siècle qui affirmait que le Christ n'avait qu'une nature (divine), conformément à son étymologie grecque (*monos* et *phusis*), et pas deux (divine et humaine). Par « monophysisme ecclésiologique », le pape entend « une conception trop angélique de l'Église », idéalisée, voire imaginaire, dans laquelle on ne verrait que sa nature divine et pas humaine, voire trop humaine, avec ses « taches » (ses péchés) et ses « rides » (son vieillissement), pour reprendre une image célèbre tirée de l'épître aux

21. Jean Delumeau (dir.), *Histoire vécue du peuple chrétien*, Privat, 1979, deux volumes.

22. Il a écrit sur le monophysisme à l'occasion du quinzième centenaire du concile de Chalcédoine en 1951, texte qu'il a repris en 1952 dans son volume *Le Christ, Marie et l'Église*. Jorge Mario Bergoglio a alors pu le lire, avant de devenir pape. Voir Étienne Fouilloux, *Yves Congar, 1904-1995*, Salvator, 2020.

Éphésiens (Ep 5, 27). Certes, depuis saint Augustin et saint Thomas d'Aquin, l'Église terrestre sait bien qu'elle a des taches et des rides contre lesquelles elle doit lutter et demander pardon au Seigneur en attendant les accomplissements eschatologiques, mais François paraît aller plus loin dans ce domaine que Jean Paul II dans sa théologie de la repentance. Sans céder à l'air du temps, ni oublier la part du bien, il met en avant une ecclésiologie modeste, réaliste, voire légèrement pessimiste, qui nous paraît plus conforme à la vérité de l'histoire. « Cette Église, qui se reconnaît également dans ses moments sombres, devient capable de comprendre les taches et les blessures du monde dans lequel elle vit et, si elle essaie de le guérir et de le faire grandir [on se souvient de l'image de l'« hôpital de campagne » des débuts de son pontificat], elle le fera de la même manière qu'elle essaie de se guérir et de se faire grandir, *même si souvent elle n'y parvient pas* [c'est moi qui souligne] », aveu qui ne manque pas de force et de courage dans la douzième année d'un pontificat qui s'est voulu réformateur mais qui doit bien admettre ses limites.

Si le changement de paradigme est plus ecclésiologique qu'historiographique, comme on l'a dit, n'était cette insistance nouvelle, de la part d'un pape, sur l'histoire générale et l'historicité de la condition humaine, l'histoire n'aura peut-être rien perdu au change. Car c'est bien sa dialectique, en définitive, qui, par un choc en retour maîtrisé, en faisant remonter dans la théologie ses ombres et ses lumières, fait évoluer la conception de l'Église. Ce ne serait pas la première fois.

Guillaume CUCHET

LA FLAMBÉE DE LA CRÉMATION

Julien DAMON

En France, la pratique pluriséculaire de l'enterrement des morts s'étiole. La progression récente et rapide de la crémation constitue une transformation sociétale majeure et accompagne de profondes recompositions sociales. Cette évolution profonde traduit des mutations importantes sur les représentations de la mort. Plusieurs éléments, comme le repli de la religion catholique, la valorisation du corps, le souci d'économie, le détachement vis-à-vis des provinces d'origine, incitent à choisir la crémation.

Certains techno-prophètes estiment que nous pourrions vraiment devenir immortels. La perspective a de quoi réjouir ou effrayer, c'est selon. En tout cas, pour le moment, l'inverse prévaut : nous restons mortels et l'échéance ultime se profile encore pour tout le monde. Cependant, la mort change en partie de statut et cette constatation se reflète particulièrement dans l'évolution actuelle des obsèques[1]. À la sécularisation des enterrements s'ajoutent à la fois la banalisation de la crémation et la diversification des choix et des normes funéraires[2]. L'ensemble accompagne des mutations dans les rituels de deuil et des mutations dans les représentations du vivant et du décès, ce qui se répercute sur le droit civil mais aussi sur les droits des collectivités territoriales et de la santé publique.

1. Pour quelques observations sociales et doctrinales datant du milieu des années 2000, voir Pierre Faure, « Le choix de la crémation ? », *Études*, n° 4062, 2007, pp. 185-196. Pour une perspective classique, sur le temps long, au sujet des évolutions des perceptions de la mort et des pratiques funéraires, voir Philippe Ariès, *Essais sur l'histoire de la mort en Occident du Moyen Âge à nos jours*, Seuil, 1975.

2. Guillaume Cuchet, « La transition funéraire contemporaine, Scènes et significations », *Études*, n° 4246, 2018, pp. 43-56. Plus largement, voir le dossier « La crémation », *Études sur la mort*, n° 132, 2007, et l'ouvrage de Guillaume Cuchet, Nicolas Laubry et Michel Lauwers (dir.), *Transitions funéraires en Occident, Une histoire des relations entre morts et vivants de l'Antiquité à nos jours*, Publications de l'École française de Rome, 2023.

Autorisés en France depuis 1887, l'incinération du corps d'une personne décédée puis le recueil de ses cendres dans une urne (avant de les disperser, de les enterrer ou de les placer dans un columbarium) sont devenus des pratiques funéraires répandues, encouragées par la levée de l'interdit de l'Église en 1963. Si la religion ne condamne plus la crémation, elle s'y est longtemps opposée et préconise toujours l'enterrement. Parallèlement à ce facteur religieux, l'appartenance à une société urbaine dans laquelle les individus ne résident plus à proximité des villages où sont enterrés leurs ancêtres constitue une autre cause manifeste de cette évolution. Citons encore, parmi les éléments éclairants, le coût de la cérémonie de crémation, habituellement moins élevé qu'un enterrement[3], un changement du rapport à la mort et aux défunts, mais également une montée en puissance d'un discours écologiste plaidant au profit de solutions considérées comme plus appropriées pour l'environnement : la crémation ou – idée récente qui fait son chemin – le compostage des corps.

> ***« La crémation a connu au cours des quatre dernières décennies un développement fulgurant »***

La croissance de la pratique de la crémation

La pratique de la crémation, en France, connaît une croissance régulière depuis la fin des années 1970. En 1975, 2 100 crémations ont été effectuées, soit 0,4 % des obsèques de l'année. En 1979, ce sont 5 000 crémations, représentant 1 % des obsèques. Ensuite, le nombre des crémations a connu un véritable envol[4].

D'une conception extrêmement minoritaire, longtemps condamné par l'Église, souvent associé aux réprouvés ou aux libres-penseurs opposés au catholicisme et à la foi en la résurrection des corps, ce choix s'est répandu[5]. Interdite en France de Charlemagne à la Troisième République, la crémation prend une dimension tout à fait spectaculaire, sur le plan statistique s'entend. Cette évolution consti-

3. Globalement, la différence de prix serait de 25 %, mais il ne semble pas exister d'étude économique très précise sur ce point. Cette différence s'explique par l'usage de cercueils en bois tendre moins onéreux que le chêne et des frais plus réduits de sépulture.

4. Sur les questions juridiques posées par cette croissance, voir Jean-Pierre Sueur, « Crémation et statut des cendres : pourquoi une loi est nécessaire ? », *Études sur la mort*, n° 132, 2007, pp. 19-22.

5. Sur les évolutions de l'Église catholique à ce sujet, voir l'étude fouillée de François-Xavier Amherdt, « Inhumation ou crémation ? Enjeux de l'incinération pour la pastorale des funérailles », *Lumen Vitæ*, vol. LXVI, n° 1, 2011, pp. 5-31.

tue une mutation anthropologique majeure, pourrait-on dire de façon pompeuse, à juste titre. Alors que la société française a enterré ses morts pendant des siècles, la crémation a connu au cours des quatre dernières décennies un développement fulgurant. Cette forte progression a appelé un encadrement par la loi du 19 décembre 2008 relative à la législation funéraire, conférant aux cendres issues de la crémation du corps d'une personne décédée un statut et une protection comparables à ceux accordés à un corps inhumé[6].

Taux de crémation en France, par rapport au total des obsèques (en %)

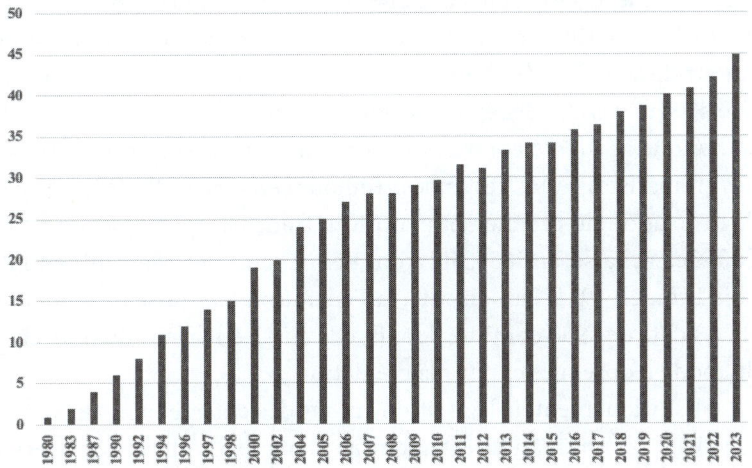

Sources : Fédération française de crémation, Centre de recherche pour l'étude et l'observation des conditions de vie (Crédoc)

En une quarantaine d'années, le taux de crémation a été multiplié par environ quarante. De moins de 1 % des traitements réservés aux corps des défunts à la fin des années 1970, la crémation a concerné 28 % des obsèques en 2007, 36 % en 2016, 45 % en 2023. La courbe de progression, par rapport à l'inhumation, est nette : 1 % de croissance en moyenne chaque année, avec une régularité dont rêveraient bien des secteurs d'activité ou d'autres évolutions sociodémographiques. Pourtant le phénomène collectif est peu connu et peu commenté, sauf à l'occasion d'articles marronniers lors de la Tous-

6. Voir le « Guide de recommandations relatif aux urnes funéraires et aux sites cinéraires », réalisé en 2018, pour les dix ans de cette loi, par le ministère de la Cohésion des territoires, avec le concours des membres du Conseil national des opérations funéraires (CNOF), disponible en ligne (sur *www.collectivites-locales.gouv.fr*).

saint. Il concerne pourtant potentiellement tout le monde. Car, individuellement, il faudra bien se décider...

Économiquement, l'expansion de l'intérêt pour la crémation passe par la croissance du nombre d'équipements. En 1980, il existait 9 crématoriums en France ; en 2006, on en recensait 120. On en dénombre 221 au début de 2024 : 216 en métropole, 5 dans les outremer[7]. La dynamique vient recomposer le secteur économique du funéraire qui représente, pour environ 640 000 décès par an, un chiffre d'affaires de 2,5 milliards d'euros et 25 000 emplois[8].

Signalons que le sujet autant que la pratique ont un long passé, avec des questionnements éthiques et philosophiques profonds. À la fin du XIXe siècle, à un moment de discussions et d'innovations autour de la liberté des funérailles (loi du 15 novembre 1887 qui autorise d'autres modes de sépulture que l'inhumation), tandis que l'Église catholique se dresse contre l'incinération, une Association nationale des crématistes (ANC) est créée. Toujours en place, elle est à l'origine de la création du premier crématorium français, à Paris, au cimetière du Père Lachaise, en 1889. Suivront Rennes en 1899, Marseille en 1907 puis Lyon en 1914. De son côté, la Fédération française de crémation (FFC) date de 1930 et milite depuis, elle aussi, en faveur du libre choix du mode d'obsèques et pour la crémation[9].

Historiquement, la législation autour des enterrements repose sur l'hygiène. L'inhumation est interdite dans les propriétés privées et dans les églises. Au XVIIIe siècle, le cimetière est déplacé à l'extérieur des villes pour qu'il ne pollue pas la terre des vivants. Avec la crémation, il n'y aurait plus de problème d'hygiène. En prônant la disparition totale du corps, réduit à l'état de poussière, les premiers crématistes affirmaient à la fois leurs positions philosophiques et défendaient l'incinération comme un moyen plus hygiénique[10].

Les associations crématistes accompagnent toujours aujourd'hui des individus et des familles, de plus en plus nombreux, à s'interroger

7. Sur la dynamique de développement des crématoriums, voir Charles Simpson, « La crémation en France : évolutions et perspectives », *Résonance*, n° 199, 2024 (sur *www.resonance-funeraire.com*).

8. Pour une étude sociologique de ce domaine, voir Pascale Trompette, *Le marché des défunts*, Presses de Sciences Po, 2008. Cette analyse critique porte notamment sur les suites de la loi du 8 janvier 1993 relative à la législation funéraire qui a réformé en profondeur le service des pompes funèbres. La loi a notamment mis fin au monopole des communes en matière d'organisation des obsèques, monopole qui datait d'une loi du 28 décembre 1904.

9. Le site internet de la Fédération française de crémation (*https://cremation-ffc.fr*) et sa revue *Crémation Magazine* rassemblent un volume important d'analyses, d'actualités et de données.

10. Claude Bersay, « La crémation », *Études sur la mort*, n° 125, 2004, pp. 91-96.

et à choisir l'incinération. Une option qui devrait, à l'avenir, prendre encore plus d'importance.

En effet, les Français anticipent et préparent de plus en plus leurs propres obsèques, qu'il s'agisse de crémation ou d'inhumation. En 2005, le tiers des personnes interrogées à ces sujets par le Crédoc (Centre de recherche pour l'étude et l'observation des conditions de vie) indiquaient qu'elles laisseraient ou qu'elles avaient déjà laissé des instructions, dans un sens ou dans un autre[11]. En 2024, la moitié des répondants disaient avoir choisi des dispositions ou qu'ils le feraient. Alors qu'en 2005, les deux tiers savaient ce qu'est un contrat d'obsèques, ils sont plus de 80 % dans ce cas en 2024. Il y a une vingtaine d'années, 10 % en avaient déjà signé un. En 2024, ils sont 28 % à avoir déjà souscrit, auprès d'une banque, d'une société d'assurance ou d'un opérateur de pompes funèbres. Ces contrats de prévoyance obsèques, qui se développent rapidement, envisagent la crémation pour la moitié d'entre eux.

Des motivations variées

Interrogés, en 2005, par le Crédoc au sujet de leurs futures funérailles, les individus de plus de 40 ans (qu'ils aient ou non un contrat d'obsèques), signalaient, pour 39 % d'entre eux, préférer la crémation. L'inhumation arrivait devant, mais avec un seul point de différence, à 40 %. Parmi les personnes alors interrogées, 21 % déclaraient ne pas savoir encore. En 2024, la majorité des personnes interrogées de cette classe d'âge indiquaient envisager d'abord la crémation (à 51 %), 30 % se prononçaient pour leur inhumation et 18 % ne savaient pas encore. L'incinération de son propre corps est devenue l'option majoritaire, chez les plus de 40 ans.

Interrogés en 2019, les plus jeunes, les 18-39 ans, sont eux moins nombreux (40 %, contre 51 % pour la population générale) à envisager une incinération et plus nombreux à considérer une inhumation (37 %, contre 31 %). Mais, pour les plus jeunes aussi, qui déclarent plus souvent ne pas savoir ce qu'ils vont faire (on comprend aisément pourquoi), la crémation prend bien le pas sur l'enterrement.

11. Réalisée depuis 2005, l'enquête du Crédoc « Les Français et les obsèques » interroge les plus de 40 ans en France métropolitaine sur le thème des funérailles : à la fois sur l'organisation de celles d'un proche, sur l'anticipation de leurs propres funérailles et sur la manière de se recueillir après le décès d'un proche. Le Crédoc traite de ces questions depuis assez longtemps. Voir Jean-Pierre Loisel, « La montée de la crémation : une nouvelle représentation de la mort », *Consommation et modes de vie*, n° 162, mars 2003 ; Aurée Salmon Legagneur, « En 2019, les jeunes adultes sont plus nombreux que leurs aînés à préférer l'inhumation », *Consommation et modes de vie*, n° 307, octobre 2019.

Les éléments motivant le choix de la crémation relèvent, pour les personnes de plus de 40 ans interrogées par le Crédoc, en premier lieu du souci de ne pas embarrasser la famille (24 % des répondants en 2024), viennent ensuite les raisons écologiques (18 %), la volonté de ne pas être sous la terre (7 %), la simplicité (6 %), les raisons financières (5 %) et le désir de supprimer le corps le plus rapidement possible (5 %).

« Le choix de la crémation est motivé par des considérations environnementales »

Aux motivations économiques et aux motifs philosophiques (avec des conceptions singulières de ce qui est vivant et de ce qui ne l'est plus) exprimés par les partisans de la crémation s'ajoutent des motifs hygiénistes (ne pas risquer de contaminer le vivant), des motifs liés à la disponibilité de l'espace (ne pas prendre trop de place aux vivants) ou des motifs altruistes (ne pas déranger les vivants).

Une étude menée par l'institut Ipsos pour la Ville de Paris, en 2018, confirme que le choix de la crémation, pour soi, est devenu majoritaire[12]. En 2018, pour ses propres obsèques, la préférence pour la crémation l'emporte largement (63 %, contre 37 % pour l'inhumation). En 2008, le même institut Ipsos observait que la préférence demeurait à l'inhumation (53 % alors). Cette préférence pour la crémation a progressé particulièrement chez les croyants.

Du côté des choix pour des proches, et non plus pour soi, la crémation est également préférée, bien que dans des proportions légèrement moindres que pour soi-même. S'ils devaient organiser prochainement les obsèques d'un proche, 56 % des répondants préféreraient la crémation. Ils n'étaient que 44 % en 2008.

Dans cette enquête Ipsos, le choix de la crémation est avant tout motivé par le souhait de ne pas laisser de traces et par des considérations environnementales. 35 % des répondants identifient la crémation comme plus écologique, 17 % pensent que c'est l'inhumation, 13 % estiment que les deux solutions sont écologiquement équivalentes. Soulignons que 35 % des personnes interrogées déclarent ne pas savoir.

Pour l'avenir, puisque la proportion de Français, notamment des jeunes, souhaitant se faire incinérer est désormais majoritaire, cette pratique devrait supplanter, à assez brève échéance, l'enterrement. En prolongeant les tendances des années récentes et en intégrant les choix

12. Amandine Lama et Étienne Mercier, « Les Français et les obsèques. Perceptions et attentes », Ipsos, octobre 2018 (sur *www.ipsos.com*).

exprimés, la crémation pourrait devenir majoritaire avant 2030, signant un basculement important. Le Crédoc avait d'ailleurs déjà tiré cette conclusion prospective, il y a une quinzaine d'années.

Vers l'humusation ?

La science-fiction a, en matière de démographie et de décès, de l'imagination. Des romanciers – à la suite de Jonathan Swift qui proposait avec ironie, dans sa *Modeste proposition pour empêcher les enfants des pauvres d'être à la charge de leurs parents ou de leur pays et pour les rendre utiles au public* (1729), de réintégrer les mineurs indigents dans les circuits économiques, en les destinant à l'alimentation des adultes – ont imaginé faire de l'engrais à partir de cadavres, avec des systèmes industriels de recyclage afin de minimiser les nuisances environnementales[13]. Le corps mort devient un déchet et une ressource, pour fertiliser ou pour nourrir. Le film *Soleil vert* (1973) a, en l'espèce, marqué les esprits. Dans cette dystopie, se déroulant de façon imaginaire en 2022, l'humanité a épuisé les ressources naturelles. Pour se nourrir, elle doit consommer, sans que la population soit au courant, ses décédés.

Plus que comme aliment, c'est en tant qu'engrais que le corps défunt retraité passe petit à petit de la science-fiction à la réalité. Aux États-Unis, quelques États (Washington, Colorado, Oregon, Vermont et Californie) autorisent déjà le compostage humain, comme autre solution d'obsèques face à l'inhumation et à l'incinération. Le premier centre de transformation des corps en compost a ouvert à Seattle au début des années 2020. Pour certains, la « terramation » ou « humusation » se substitue très valablement, en termes écologiques et éthiques, à la crémation. L'opération se définit comme la transmutation, bien concrète, de la dépouille mortelle en humus sain et profitable. Elle manifeste une forme de désir, en redevenant humus, de rendre son corps à la nature[14].

13. À ces sujets, voir l'ouvrage, mêlant très adroitement science et fiction, données démographiques et romans d'anticipation, de Jean-Marc Rohrbasser et Jacques Véron, *La démographie de l'extrême, Quand la fiction anticipe l'avenir des sociétés*, La Découverte, « Cahiers libres », 2024.

14. À ce sujet, voir les observations critiques d'Anne-Sophie Moreau, *Fermentations, Kéfir, compost et bactéries : pourquoi le moisi nous fascine*, Seuil, 2025.

En France, les variantes aux deux techniques funéraires légales (crémation et inhumation donc) sont peu connues des habitants[15]. Selon le Crédoc, en 2024, 3 % des Français disent connaître – sans forcément y adhérer – la cryogénisation, 3 % l'humusation, 1 % l'embaumement et 1 % la sépulture en mer[16]. 2 % indiquent aussi la possibilité du don de leur corps à la science. Celle-ci, absolument licite et précisée dans le Code de la santé publique (article L1261-1), consiste, avec un consentement exprimé de son vivant par écrit, à donner son corps au moment du décès à des fins d'enseignement et de recherche.

« Un Français sur cinq pourrait être tenté par l'humusation »

Informé des diverses possibilités techniques autres que les deux plus connues, un Français sur cinq, dit le Crédoc, pourrait être tenté par l'humusation. Celle-ci est précisément décrite par le Crédoc aux répondants afin qu'ils puissent statuer : la terramation ou humusation consiste à transformer le corps en humus, par décomposition lente, en le déposant hors terre dans un compost contenant des micro-organismes accélérateurs de la décomposition. À mi-étape, les os sont extraits et réduits en poudre avant d'être réintégrés au compost. Le processus de décomposition du corps dure quelques mois, au terme desquels il est possible de récupérer ce que sera devenu le corps, transformé en compost fertile[17].

Les sujets et innovations écologiques prenant de plus en plus d'importance et de vigueur dans le débat public, on peut raisonnablement penser que la pratique de la « réduction organique naturelle », sans nécessairement concerner beaucoup de monde, tout du moins au départ, traversera l'Atlantique et déclenchera des controverses feutrées plutôt que frontales. Alors que l'humusation est, à l'heure actuelle, interdite en France, une première proposition de loi visant à l'expérimenter, lorsque le défunt en a exprimé la volonté, a

15. Voir l'édition 2024 de l'enquête sur « Les Français et les obsèques, La pandémie renforce l'importance accordée aux obsèques », sixième édition du baromètre Crédoc pour la Chambre syndicale nationale de l'art funéraire (CSNAF), mai 2024 (sur *https://csnaf.fr*).

16. On peut ajouter l'aquamation, qui consiste à dissoudre le corps dans une solution alcaline chauffée, et la promession, qui consiste en une congélation puis en une fragmentation du corps par vibrations. Ces pratiques, illégales aujourd'hui en France, sont pratiquées, pour la première, dans certains États américains, et, pour la seconde, en Suède et en Corée du Sud.

17. L'importance grandissante de tous les sujets relatifs à l'humus, dont la perspective de l'humusation est un signe, se repère avec le succès du roman de Gaspard Koenig, d'ailleurs lui-même favorable à cette option, *Humus*, Éditions de l'Observatoire, 2023. Voir également sa chronique « Je veux faire don de mon corps à l'écologie », *Les Échos*, 15 janvier 2020 (sur *www.lesechos.fr*).

été déposée au début de l'année 2023[18]. Le débat sur cette autre solution aux cimetières et aux crématoriums, décriée comme une assimilation des corps humains aux déchets humains mais valorisée comme une reconnexion ultime avec l'environnement, va probablement prendre de l'ampleur.

La mort n'est plus ce qu'elle était

Bien des croyances et préférences intimes fondent les choix ultimes. Elles ont beaucoup évolué, d'abord en lien avec la religion. Si les luthériens et les calvinistes autorisent la crémation depuis plus d'un siècle (en 1898), l'Église catholique, qui la condamnait vigoureusement comme un retour au paganisme, ne la tolère que depuis le concile Vatican II. Depuis 1963, des funérailles chrétiennes sont accordées aux baptisés qui ont choisi l'incinération de leur corps, même si la tradition catholique ne perd pas de vue une préférence pour la manière dont le Christ a lui-même été enseveli.

Un monde très contrasté :
le taux de crémation par rapport au total des obsèques (en 2020, en %)

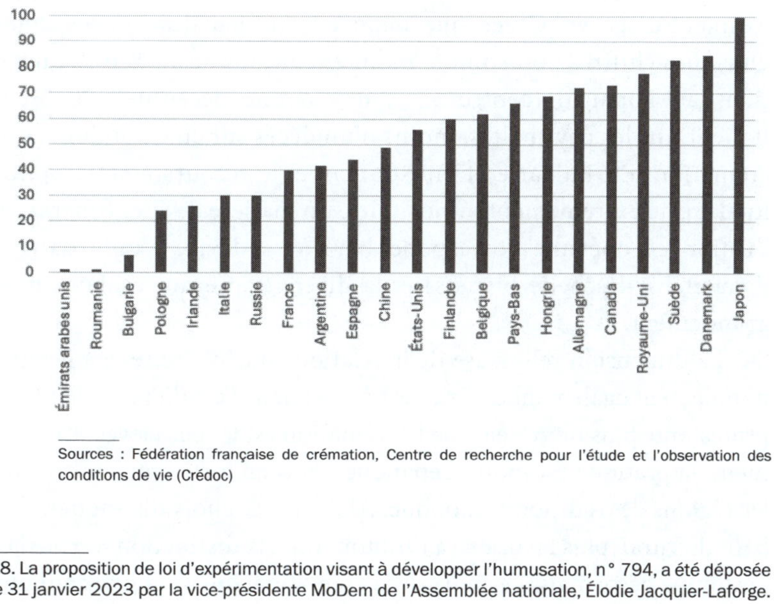

Sources : Fédération française de crémation, Centre de recherche pour l'étude et l'observation des conditions de vie (Crédoc)

18. La proposition de loi d'expérimentation visant à développer l'humusation, n° 794, a été déposée le 31 janvier 2023 par la vice-présidente MoDem de l'Assemblée nationale, Élodie Jacquier-Laforge.

La religion compte assurément beaucoup lorsqu'il s'agit de tels sujets, qui mêlent convictions métaphysiques profondes et considérations physiques plus basiques. Il s'ensuit aujourd'hui une forme de kaléidoscope européen, sur une planète elle-même kaléidoscopique. Notons que l'islam, le judaïsme et l'orthodoxie interdisent formellement, en principe, la crémation et ne pratiquent que l'inhumation. Dans les « religions du Livre », la continuité entre le corps mortel et le corps glorieux au-delà, pour certains lors de la résurrection, n'est plus envisagée de la même façon.

En Europe du Nord, où l'influence protestante est importante, la crémation dépasse maintenant largement la moitié des obsèques : plus de 80 % en Suède et au Danemark (c'était déjà plus de 70 %, dans les deux cas, au début des années 2000). Elle est majoritaire également en Allemagne (72 %). Les taux sont les plus élevés en Suisse où près de 90 % des gens choisissent d'être incinérés après leur mort (30 % au début des années 1980, déjà 20 % en 1950). En Europe du Sud, en Irlande ou encore en Pologne, à tradition catholique marquée, la pratique, qui était restée marginale plus longtemps encore, prend de l'ampleur, tout en demeurant minoritaire.

Le développement de l'incinération dépend bien entendu de l'évolution des mentalités et des idées. Il est aussi lié à l'immigration et, notamment en Espagne et au Portugal, à la présence de retraités d'autres pays qui viennent s'y installer. Du côté du droit, la pratique n'est autorisée en Grèce que depuis le milieu des années 2000. Quelques chiffres : on compte maintenant près de 50 % d'incinérations au Portugal (contre 5 %, il y a une décennie), 30 % en Italie. Dans les pays baltes, moins d'un décès sur cinq conduit à une crémation. En Bulgarie et en Roumanie, le recours à cette option finale reste extrêmement minoritaire. En matière de rites funéraires, l'Union européenne correspond bien à sa devise : unie dans la diversité. À l'échelle planétaire, la diversité prévaut également, et grandement.

La dimension religieuse de la relation au décès se repère géographiquement également en France où c'est dans l'est du pays, à culture protestante plus marquée, que la crémation est la plus élevée. Inversement, la pratique est moins répandue, mais en forte croissance, dans les régions de tradition catholique. Alors que ce choix distinguait l'urbain du rural, plus favorable à l'inhumation, la distinction territoriale s'estompe désormais. Le choix de la crémation, qui avait une connotation moderne et urbaine, se généralise progressivement. Tout du moins, elle s'étend très largement.

Si l'on quitte l'Europe, la quasi-totalité de la population se fait incinérer au Japon, dans un tout autre environnement historique et religieux. La pratique, qui est très ancienne, est d'ailleurs désormais obligatoire dans les villes japonaises.

La progression française de la crémation, en rupture avec une tradition plus que millénaire d'inhumation, traduit des bouleversements dans les expériences et représentations de la mort. Celle-ci survient désormais majoritairement hors du domicile (à l'hôpital ou en maison de retraite) quand, en 1975, plus de la moitié des décès avaient lieu au logement de la personne.

« ***De mieux en mieux connu, le corps devient un aspect redouté de la vieillesse*** »

Le corps lui-même n'est plus perçu de la même manière. De mieux en mieux connu, toujours sublimé pendant la jeunesse, il devient un aspect redouté de la vieillesse. L'image de sa décomposition dans le tombeau est repoussée par la possibilité offerte de le voir immédiatement disparaître.

Des conséquences pour les cimetières

L'évolution française de la crémation a des répercussions notables sur le marché des pompes funèbres. Elle en aura sur la place des cimetières dans les villes et les campagnes[19]. Les cimetières communaux ou intercommunaux constituent des équipements de service public indispensables à toute commune. Ils renferment aussi pour beaucoup un patrimoine reflétant l'histoire culturelle et sociale de la ville mais aussi souvent un patrimoine végétal qu'il convient de mettre en valeur.

Les cimetières sont une ressource pour préserver, voire renforcer la biodiversité des territoires. D'un point de vue prospectif, il s'agit désormais de les repenser pour les intégrer davantage dans les politiques d'aménagement urbain et de développement durable, tout en adaptant leur gestion et en améliorant la qualité des services offerts en réponse aux demandes nouvelles. En tout état de cause, dans les villes, ces

19. Plus globalement, sur les cimetières et leurs évolutions, notamment dans le contexte d'un souci écologique grandissant, voir Pierre-Yves Kirschleger, « De la ville des morts au cimetière durable, Transition vers une écologie funéraire ? », dans G. Cuchet, N. Laubry et M. Lauwers (dir.), *op. cit.*

espaces jugés moins nécessaires seront probablement de plus en plus regardés comme des réserves foncières, même si ces espaces conservaient toujours une place particulière dans la ville et dans le cœur des descendants et proches des décédés. En un mot, si les cimetières vont se transformer, il convient de ne pas les « enterrer » trop vite[20].

Les cimetières ne disparaîtront certainement pas et il importe de ne pas trop pousser la comparaison entre des tombes et des places de parking. Mais, de fait, leur emprise foncière nécessaire se réduit. À mesure de la progression de la crémation, ils intègrent de plus en plus d'espaces spécialisés où se conservent les urnes funéraires, un peu comme de petites tombes qui peuvent d'ailleurs être visitées. Ce sont les columbariums, des bâtiments cinéraires comprenant des cases dans lesquelles sont déposées les urnes.

> **« Le déclin de la religion catholique et l'affirmation de l'islam vont nourrir des réflexions métaphysiques »**

Les cimetières disposent également de « jardins du souvenir » où les cendres non entreposées peuvent être dispersées[21]. Ces nouveaux équipements nécessitent, prosaïquement, bien moins de terrain.

De surcroît, les Français interrogés par le Crédoc en 2024, lorsqu'ils précisent leur intention d'être incinérés, souhaitent majoritairement faire disparaître leurs cendres en les dispersant, principalement dans la nature : 30 % précisent préférer que les dernières traces de leur existence corporelle reposent dans une urne ; les autres ne savent pas encore.

Notons que le droit ne permet pas de faire n'importe quoi. La loi interdit de garder chez soi les cendres d'un défunt. Elles doivent obligatoirement être conservées ou dispersées dans un endroit approprié. Bref, crématoriums et columbariums ne vont pas remplacer intégralement le paysage et le rôle des cimetières. Mais ils contribuent à des modifications radicales, avec des emprises nécessaires moins étendues.

---

20. Au sujet du maintien des rituels de pèlerinage familial au cimetière et de floraison des tombes voir, même si l'analyse pourrait être actualisée, Jean-Hugues Déchaux, *Le souvenir des morts, Essai sur le lien de filiation*, Presses universitaires de France, 1997.

21. La loi du 19 décembre 2008 relative à la législation funéraire établit des règles précises s'appliquant à la destination des cendres (conservation au sein d'un cimetière ou dispersion dans un jardin du souvenir lui-même situé dans un cimetière ou en pleine nature). La même loi affirme que les restes humains, y compris les cendres après crémation, doivent donner lieu à « respect, dignité, décence ». C'est tout le contenu de l'article 16-1-1 du Code civil : « Le respect dû au corps humain ne cesse pas avec la mort. Les restes des personnes décédées, y compris les cendres de celles dont le corps a donné lieu à crémation, doivent être traités avec respect, dignité et décence. »

Des mutations dans la diversité

Il reste que le mouvement n'est pas uniforme. Comme pour tous les sujets, la moyenne masque des différences substantielles, du côté des convictions religieuses d'abord. Dans l'enquête du Crédoc de 2019, chez les 40 ans et plus, 76 % des athées préfèrent la crémation, mais 40 % des catholiques et près de 90 % des musulmans préfèrent l'inhumation. Le déclin de la religion catholique et l'affirmation de l'islam, au regard de ces avis tranchés, vont nécessairement nourrir des réflexions métaphysiques sur le souvenir des défunts et des réflexions plus pratiques et politiques sur ce que vont devenir les cimetières.

Si la mesure des opinions et l'observation statistique des expériences soulignent une dynamique d'extension de l'incinération, ce n'est pas sa totale généralisation – à la japonaise, pourrait-on dire – qui se profile. Demeurent des aspirations particulières et communautaires, qui pourront peut-être aller se renforçant, en faveur des enterrements. Le sujet révèle aussi une segmentation, voire une fragmentation accrue des usages et des populations, selon les religions. Ces questions se posent, depuis bien des années, avec les carrés confessionnels dans les cimetières que les lois républicaines ont établis comme communaux, publics et laïques.

Le choix entre inhumation et crémation est, en définitive, plutôt nouveau en France et en Europe. Révélateur de nombreuses transformations toujours à l'œuvre (jusqu'à la question de l'humusation, très probablement appelée à prendre de l'ampleur), il nous concerne assurément tous, sur le plan des rituels comme sur celui des convictions les plus intimes. Cette question charrie des considérations plus profondes que de simples commentaires liturgiques ou juridiques.

Julien DAMON

ÉTVDES

REVUE DE CULTURE CONTEMPORAINE

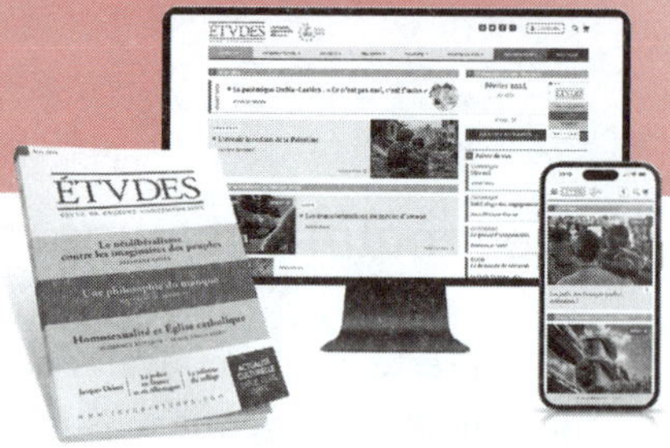

COMMENT ACCÉDER À VOS CONTENUS NUMÉRIQUES

Articles en ligne • Revues numériques • Archives depuis plus de 10 ans

1 CRÉEZ VOTRE COMPTE INTERNET

- Cliquez sur « Connexion » puis sur « Inscription ».
- Créez votre compte et validez le en cliquant sur le lien de l'email qui vous a été envoyé.

2 RENSEIGNEZ VOTRE NUMÉRO D'ABONNÉ

- Cliquez sur votre nom et sur « Mon compte » et modifiez vos coordonnées personnelles.
- Indiquez votre numéro d'abonné situé sur le film d'envoi de vos revues.

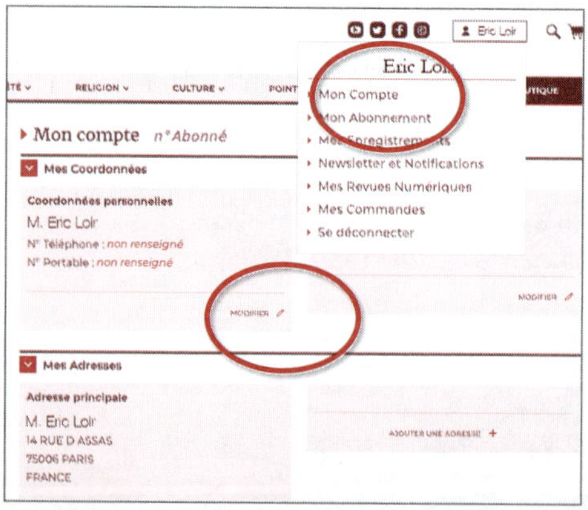

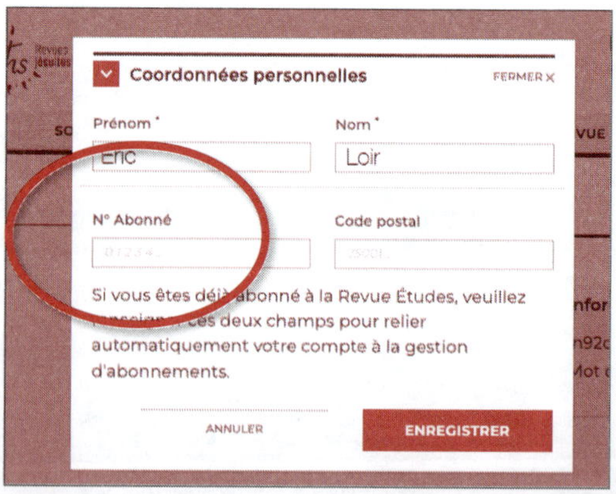

www.revue-etudes.com

Religion

CHRONIQUE

d'Anne Lécu

Religieuse dominicaine, médecin
dans une maison d'arrêt en Île-de-France.

Le troisième et le quatrième homme

Il y a quelque soixante ans, François Roustang (1923-2016), alors jésuite, écrivait dans *Christus* un petit article de six pages intitulé « Le troisième homme », article qui fit alors grand bruit[1]. L'auteur y décrivait les hommes et les femmes, ni traditionalistes ni avant-gardistes, qui s'en allaient de l'Église « sur la pointe des pieds », car elle était trop éloignée des préoccupations qu'ils portaient et des questions qui orientaient leur vie. Le Concile et les années qui l'avaient précédé leur avaient fait découvrir l'importance de la conscience humaine, la nécessité de vivre l'Évangile au plus près des réalités du monde et le contraste entre le langage de l'Église et cette réalité rendant ce langage vide. « Si la doctrine catholique est si bien pensée et proclamée aujourd'hui, pourquoi ceux du dehors n'y perçoivent-ils pas une parole neuve, pourquoi ont-ils toujours l'impression d'y entendre l'écho d'un dialecte que les croyants sont seuls à comprendre et qui les intéresse eux seuls ? », demandait Roustang. Le troisième homme, foncièrement engagé dans l'Église, s'en allait sur la pointe des pieds (comme Roustang lui-même, quelques années plus tard). Cette « évaporation des engagés » qu'il décrivait si bien s'est largement confirmée dans les années qui ont suivi.

Les temps ont changé, mais pas cette évaporation. Nous croyons moins aujourd'hui qu'hier à des lendemains qui chantent. Les affaires de violences sexuelles et d'abus de pouvoir dans l'Église ont découragé beaucoup de gens mais, parfois, ce sont les petits abus du quotidien qui font perdre cœur. Une de mes amies m'a téléphoné il y a quelques mois en larmes car, dans sa paroisse de l'ouest de la France, sa fille ne pouvait subitement plus être enfant de chœur, mais « servante d'assemblée » avec une cape bleue et, comme lot de consolation, la distribution des feuilles de messe. Ce fut pour elle, pourtant engagée de longue date, la goutte d'eau qui a fait déborder le bénitier.

1. Fr. Roustang, *Le troisième homme, Entre rupture personnelle et crise catholique*, Odile Jacob, 2019.

Elle a quitté l'animation des messes et ne retourne que très rarement à des célébrations. Un autre couple ami, croisé il y a quelques jours, m'a raconté quelque chose de semblable. Ils ont des métiers choisis pour vivre l'Évangile, elle travaille depuis des décennies avec des personnes à la rue dans une association jumelle d'Emmaüs, et lui, avec des jeunes porteurs de handicap. Mais voilà, malade, il a dû arrêter de travailler quelques mois et n'a plus animé de célébration à cette occasion. Personne n'a pris de ses nouvelles. Aussi, quand l'affaire de l'abbé Pierre a été rendue publique et que rien n'en a été commenté dans leur paroisse, elle n'a pas pu supporter d'affronter seule cette nouvelle. Elle a cessé de venir à la messe et personne ne s'en est inquiété. Ni son curé, ni ses amis de la paroisse. Personne. Le « troisième homme » (qui peut être une femme), décrit par Roustang, continue de quitter nos communautés sur la pointe des pieds et, bien souvent, nul n'est là pour tenter de comprendre, questionner et peut-être pleurer avec lui, avec elle.

Pourtant dans le même moment, les catéchumènes affluent. On ne sait pas très bien pourquoi, ni comment. Ils disent volontiers ne pas être dupes de l'état de l'Église et être passionnés par l'Évangile. C'est incontestablement une magnifique nouvelle qui rappelle à chacun que l'Esprit souffle où il veut et comme il veut. Mais il ne faudrait pas que ce « quatrième homme » (qui peut comme le troisième être une femme) nous fasse oublier ceux qui s'en vont sans bruit.

Maurice Bellet, de la même équipe que François Roustang et Michel de Certeau dans *Christus*, a écrit « dix-sept manières de prier sans en avoir l'air, utiles à ceux que devoir prier désespère ». Parmi ces manières, la quatorzième énonce que c'est encore manière de prier que de s'en aller quand il n'est plus possible de faire autrement : « Sortir de l'église / quitter la célébration / parce qu'on ne supporte plus / parce qu'on ne peut plus rester / à cause du trop d'intensité et de hauteur / de ce qui est censé se faire là / en contraste avec l'échec navrant de ce qui s'y passe en fait / quitter sans scandale, sans contestation, avec tristesse / et le désir endurant que se lève à nouveau / comment ? comment ? / la lumière du grand poème où s'inaugure toutes choses[2]. » Reste cette question abyssale : comment ne pas tomber dans l'indifférence, tant envers ceux qui arrivent qu'envers ceux qui s'en vont ?

2. *https://prieenchemin.org/17-manieres-de-prier-maurice-bellet/*

ALFRED HITCHCOCK : LE PÉCHÉ ET LE SALUT

Jean-François PIGOULLIÉ

L'éducation religieuse qu'a reçue Alfred Hitchcock a façonné son œuvre cinématographique. Non qu'il ait traité directement de la question de la foi catholique ni qu'il ait voulu faire œuvre de prosélytisme, mais il a découvert en dehors de la bulle protectrice familiale, à la faveur de son éducation dans plusieurs institutions jésuites, les multiples visages de la peur. De ces peurs de l'enfance, le réalisateur ne s'est jamais débarrassé, tout au plus s'est-il efforcé de les exorciser dans ses films.

Né en 1899 dans une famille de catholiques pratiquants d'origine irlandaise, le jeune Alfred Hitchcock, dont un des oncles était prêtre, a étudié selon son biographe Patrick McGilligan dans plusieurs institutions jésuites. Jusqu'à la fin de sa vie, Hitchcock est resté très attaché à la religion catholique, a continué d'aller à la messe et à faire des dons à des causes catholiques. À François Truffaut qui, dans le célèbre livre d'entretiens qu'il lui a consacré, l'interroge sur son catholicisme, l'auteur de *La loi du silence* (1953) répond : « J'appartiens à une famille catholique et mon éducation a été strictement religieuse. [...] Je ne crois pas que l'on puisse dire que je sois un artiste catholique, mais il se peut que l'éducation, tellement importante chez un homme, et mon instinct transparaissent dans mon travail[1]. » Et Hitchcock de faire la lumière sur la manière dont l'éducation catholique qui lui a été inculquée a formé sa personnalité : « J'ai été pensionnaire très jeune, à Londres, dans une institution jésuite, Saint Ignatius College. Ma famille était catholique, ce qui, en Angleterre, constitue

1. François Truffaut, *Hitchcock*, Ramsay, 1985, p. 269.

presque une excentricité. C'est probablement au cours de mon passage chez les jésuites que la peur s'est fortifiée en moi. Peur morale, celle d'être associé à tout ce qui est mal. Je m'en suis toujours tenu à l'écart. Pourquoi ? Par crainte physique, peut-être. J'avais la terreur des châtiments corporels. Or il y avait la férule. Je crois que les jésuites l'emploient encore. C'était en caoutchouc très dur. On ne l'administrait pas comme ça, non, c'était une sentence que l'on exécutait. On vous disait de passer chez un prêtre à la fin de la journée. Ce prêtre couchait solennellement votre nom sur un registre avec la mention du châtiment à subir et, toute la journée, vous viviez dans cette attente[2]. »

De l'attente angoissée de l'administration d'une sentence par un ecclésiastique vient probablement la marque distinctive de son cinéma : l'expérience du suspense, écrit Jean Douchet, « nous fait retrouver la mentalité de l'enfance au point qu'il n'est pas de bon suspense qui n'appelle d'une manière ou d'une autre ce qu'il faut bien nommer une prière[3] ». S'il génère une intense angoisse existentielle, le suspense hitchcockien stimule en retour le besoin d'espérance : l'angoisse de mort et l'attente d'un salut sont les deux versants de ce procédé cinématographique.

La période anglaise

La justice chez Hitchcock présente un double visage, ainsi que le fait très justement remarquer Truffaut : « À propos du procès de *La loi du silence*, lorsque Montgomery est innocenté par le tribunal, il y a un principe de scénario que l'on retrouve dans plusieurs de vos films : le personnage est soudainement en règle avec la justice, mais il reste condamné en tant qu'homme, car quelqu'un blâme l'acquittement[4]. » On se souvient que, après la déclaration du jury, le magistrat exprime sa réprobation en ces termes : « Michaël Logan, je suis certain que le jury a jugé en pleine sérénité en recherchant la justice mais je tiens à dire mon désaccord avec ce verdict. » Un des traits essentiels de la doctrine morale du maître du suspense est la distinction entre la culpabilité pénale et la culpabilité morale, entre le mal social et le péché. Celle-ci trouve sa source dans le fait que nombre de protagonistes hitchcockiens

2. *Ibid.*, pp. 17-18.

3. Jean Douchet, *Hitchcock*, L'Herne, 1967, p. 10.

4. Fr. Truffaut, *op. cit.*, p. 172.

répondent de leurs crimes devant la société mais également devant Dieu. De là vient qu'il existe dans son cinéma un ordre supérieur à la justice humaine le plus souvent défaillante, une justice divine ou une loi de rétribution à laquelle nul criminel n'échappe. C'est durant la période anglaise que la crainte d'un châtiment se manifeste le plus clairement.

Un des exemples éclatants de la créativité d'Hitchcock durant la période anglaise est l'emploi dans *Chantage* (1929) d'un mode d'expression inédit du sentiment du péché. Celui qu'éprouve l'héroïne Alice White, interprétée par Anny Ondra, qui vient de perpétrer un meurtre. Si elle a commis l'irréparable, c'est que, à la suite d'une brouille avec Frank Weber, son fiancé policier, interprété par John Longden, elle s'est laissée courtiser par un artiste peintre et inviter dans son atelier où, totalement ingénue, elle tombe entre les griffes d'un prédateur dont une des œuvres, le portrait inquiétant d'un clown grimaçant, trahit la véritable nature. Il tente de la violer mais, en état de légitime défense, elle le poignarde mortellement. Plongée dans des pensées morbides, elle erre la nuit, hagarde, dans les rues de Londres. Hitchcock fait feu de tout bois pour traduire le violent sentiment de culpabilité qui l'habite. Ainsi, sous le poids de sa mauvaise conscience, une enseigne lumineuse en forme de bouteille se transforme en un couteau ensanglanté. Outre ces hallucinations visuelles, le cinéaste britannique use d'un procédé novateur. Il opère un brusque changement d'échelle : aux plans à hauteur d'épaule de sa déambulation somnambulique nocturne succède une vue aérienne de la cité londonienne. Parce qu'elle est la traduction visuelle de la sensation d'être le point de mire du regard accusateur de Dieu, cette vue aérienne a le mérite de rendre palpable le poids du péché qui pèse sur sa conscience. Nul plan aérien mieux que celui-ci ne présente le péché comme, selon l'expression de Jean Lacroix, la pénétration du regard divin en soi.

L'héroïne de *Chantage* est en proie à une triple culpabilité. Outre le regard de Dieu, Alice se trouve sous le regard menaçant d'un maître chanteur dont chaque apparition ravive sa mauvaise conscience. Mais, faisant figure de coupable idéal, ce malfrat se tue en voulant échapper à la police. La mort de cet escroc, reconnu coupable du meurtre qu'elle vient de commettre, est pour Alice un coup du sort providentiel. Si, par ce transfert de culpabilité posthume, elle échappe à toute sanction pénale, elle n'en est pas moins rongée de remords. De l'enseignement catholique, Hitchcock a hérité la conviction que la conscience est un tribunal intérieur qui juge sévèrement nos actions, que celle-ci vient suppléer les déficiences de la justice institutionnelle. Le châtiment moral que s'infligent les personnages d'Hitchcock a partie liée avec sa foi religieuse, à en croire cette réflexion de Paul Ricœur : « Nous préférons la condamnation morale à l'angoisse d'une existence non protégée non consolée[5]. »

La période américaine

La carrière américaine d'Hitchcock marque un changement dans le traitement des thèmes religieux. Non qu'il ait renoncé à ses convictions religieuses mais il a tendance à les présenter sous une forme laïcisée ou plus distanciée. Ainsi du thème de la justice divine dans *Les oiseaux* (1963). Le travail d'enquête réalisé par Bill Krohn à partir des archives personnelles du réalisateur apporte à cet égard un éclairage instructif sur les remaniements du scénario : « Un synopsis dicté par Hitchcock pendant que Hunter [le scénariste] écrivait la première version du scénario fait état de plans pour une scène où, le dimanche matin, Annie Hayworth, l'institutrice, emmène à l'église sa pensionnaire inattendue, Mélanie Daniels. [...] Dans le scénario, cette scène est l'occasion pour le prêtre d'administrer à l'ensemble des personnages un sermon sur la suffisance en citant l'Ecclésiaste : "Vanité des vanités, tout est vanité. J'ai vu toutes les œuvres qui se font sous le soleil et voici : tout est vanité." À l'exception de quelques désaccords mineurs sur la forme de l'office, Hitchcock semble avoir approuvé cette idée. Mais après que plusieurs de ses collaborateurs eurent pris connaissance du scénario, il écrivit à Hunter : "Je suis désolé de vous dire que le commentaire pratiquement unanime est que la scène de l'église doit disparaître."[6] » Manifestement, cette scène convenait parfaitement à Hitchcock mais ce n'est qu'après avoir consulté son équipe, dont il avait bien conscience qu'elle était bien plus que lui au diapason du public des années 1960, qu'il s'est ravisé de peur qu'une explication religieuse par trop explicite des agressions des oiseaux rebute une partie du public. C'est probablement pour la même raison qu'il a modifié radicalement la fin du film. La dernière version du scénario prévoyait que, après avoir réussi à sortir de la maison assiégée par les oiseaux,

5. Paul Ricœur, *Le conflit des interprétations*, Seuil, 1969, p. 334.

6. Bill Krohn, « Alfred Hitchcock au travail », *Cahiers du cinéma*, 1999, p. 248.

Mélanie, Mitch, sa mère Lydia et sa sœur Cathy parvenaient à s'enfuir et subissaient une dernière attaque des volatiles qui s'achevait ainsi :

> *« Lydia : "Notre Père qui êtes aux cieux, que votre nom soit sanctifié." Mélanie (couvrant la suite de la prière de Lydia) : "Mitch, je vous aime." Gros plan : le toit se déchire, révélant des centaines de mouettes battant de l'aile. Mais, comme une catapulte, l'arrachement du toit repousse les oiseaux. Les personnages se retrouvent ensuite sur une longue route rectiligne où la voiture paraît distancer les oiseaux*[7]. »

Et Bill Krohn de conclure : « Cette fin a disparu, Hitchcock ne laissant que l'ivrogne du restaurant, prêchant la fin du monde, en commémoration de ses tentatives malavisées pour représenter l'attaque des oiseaux comme l'expression de la colère de Dieu[8]. » Ainsi, Hitchcock a renoncé dans la scène finale à mettre en lumière le pouvoir salvateur de la foi. De procédé élusif en renoncement, Hitchcock s'est censuré, conscient du divorce croissant entre son catholicisme hérité du XIXe siècle et la modernité des années 1960.

Toutefois, Hitchcock n'a pas renoncé à un plan particulièrement compliqué en termes d'effets spéciaux qu'il appelait, selon le décorateur en chef Robert Boyle, « le point de vue de Dieu ». Il s'agit d'une vue aérienne de Bodega Bay en proie aux flammes, à la suite d'un nouvel assaut des oiseaux. Par cette vue prise du ciel qui fait suite à la tirade biblique sur la fin du monde, qui représente la ville de Bodega Bay comme un microcosme de l'humanité, Hitchcock entend signifier que l'insurrection des oiseaux est la manifestation d'une punition divine à l'encontre de l'espèce humaine dont l'arrogance, à l'exemple de l'héroïne Mélanie Daniels, est un péché contre la création. Le regard divin mis en scène par Hitchcock s'inscrit dans le droit fil du mode de représentation hollywoodien du surnaturel biblique en ce que le courroux divin, qui se manifeste sous la forme d'une catastrophe naturelle, est logiquement imputable au Dieu de l'Ancien Testament. Comme les invasions de mouches, de moustiques ou de sauterelles qui, dans le Livre de l'Exode, frappent le peuple égyptien, l'attaque des oiseaux n'est-elle pas une plaie envoyée par Dieu afin de ramener non pas le pharaon mais le genre humain à la raison ?

---

7. *Ibidem.*

8. *Ibidem.*

La chute et le salut

L'itinéraire spirituel de nombre de protagonistes hitchcockiens est marqué du sceau de la déchéance morale. Un des *leitmotive* de son œuvre est la chute d'un être exemplaire dont l'âme est souillée par les crimes commis par son double négatif. Son pessimisme anthropologique se nourrit de l'idée qu'il y a une solidarité dans le péché, que « la moitié innocente de l'humanité ne peut se laver les mains de la culpabilité de l'autre moitié et devra en quelque sorte la prendre en charge. [...] Hitchcock adhère ici à une vision chrétienne du monde dont le péché originel est la pierre angulaire[9] », selon Jacques Lourcelles. Nulle créature hitchcockienne, fût-elle angélique, n'échappe à la culpabilité qui entache le genre humain. C'est la matière de *L'ombre d'un doute* (1943), le film préféré d'Hitchcock. De toutes les héroïnes qui peuplent sa filmographie, Charlie, interprétée par la virginale Teresa Wright, est une des plus ingénues. Elle admire son oncle Charlie, interprété par Joseph Cotten, dont la réussite fait la fierté de sa famille. Prétendant être en connexion télépathique avec son oncle homonyme, elle chérit le lien spirituel qui l'unit à celui qui, au sein de son univers familial et provincial étriqué, cristallise toutes ses aspirations, alors que le spectateur découvre, dès les premières images, qu'il est un tueur de riches veuves. En montrant avant l'héroïne son double négatif, le réalisateur suggère que, à l'image du serpent dans le mythe adamique, le mal précède la prise de conscience de son existence. Poursuivi par la police, Charlie part se cacher en Californie dans la petite ville de Santa Rosa où sa nièce lui réserve un accueil enthousiaste. Mais lorsque, à la suite de recherches dans la bibliothèque municipale, elle découvre la culpabilité de son oncle, elle a le sentiment que s'ouvre sous ses pas un abîme de ténèbres. Dans cette scène nocturne, Hitchcock filme admirablement la perte de sa pureté morale : par un mouvement ascensionnel de la caméra à la faveur duquel son ombre prend une dimension démesurée, il figure non seulement le poids écrasant de la culpabilité qui s'abat soudain sur Charlie mais également la mise au jour de la part sombre de sa personnalité.

La loi du silence (1953) est également un film placé sous le signe de la précédence du mal. Ainsi, avant le prêtre Michael William Logan, le héros du film, incarné par Montgomery Clift, apparaît à l'écran son

9. Jacques Lourcelles, *Dictionnaire du cinéma*, Robert Laffont, 1992, p. 538.

double négatif sous les traits du sacristain de son église qui, revêtu d'une soutane, se rend coupable d'un meurtre dont le prêtre reçoit l'aveu la nuit même dans son confessionnal. Au cours de cette nuit spirituelle, le péché l'enveloppe de son ombre. De même que la lutte contre son oncle inspire à Charlie de noirs desseins, la confidence compromettante que recueille Logan a pour effet de réveiller sa propre culpabilité liée à un amour de jeunesse auquel il avait dû renoncer et que, depuis son ordination, il avait refoulée. Tenu par le secret de la confession, il refuse de se disculper en dépit des lourds soupçons qui pèsent sur lui. Plutôt que de dénoncer le sacristain, Logan endosse sa culpabilité. Le héros christique de ce drame catholique endure un véritable chemin de croix au terme duquel, par un spectaculaire retournement de situation, il échappe de justesse au martyre. Plus que l'absolution judiciaire de son personnage, c'est son salut spirituel qu'il importe à Hitchcock de montrer. D'où sa volonté de filmer l'instant précis où, lorsque la vérité éclate, le regard de tous ceux qui le suspectaient change radicalement : prenant la mesure de son sacrifice, ils le considèrent désormais comme un saint. C'est probablement la seule fois que, dans l'univers très sombre dépeint par les films américains de Hitchcock, brille l'éclat de la sainteté.

De la trilogie de la chute, *Le faux coupable* (1957) est le dernier volet. Hitchcock s'est inspiré d'un fait divers pour raconter la descente aux enfers de Manny Balestrero (Henry Fonda), un musicien d'origine italienne, accusé à tort d'avoir commis une série de hold-up. Identifié par des témoins, incriminé par une écriture qui ressemble à celle du coupable, Balestrero est jeté en prison. Broyé par une machine judiciaire dont les mâchoires se referment inexorablement sur lui, il endure au fond de sa cellule les affres de la dépossession de soi : dans la détresse de ce bon mari et père de famille, dont l'être innocent disparaît sous des dehors coupables, on reconnaît une des hantises majeures du cinéaste dont la source est un épisode de son enfance qu'il a abondamment raconté selon lequel, en guise de punition, il fut enfermé, à la demande de son père, quelques minutes dans la cellule d'un commissariat. Si, en ouverture du film, Hitchcock a pris soin de présenter *Le faux coupable* comme une adaptation fidèle d'une histoire vraie, il est toutefois un épisode qu'il a inventé. C'est le miracle auquel Balestrero doit son salut. Certes, il avait déjà mis en scène des fins providentielles telles que celle des *Trente-neuf marches* (1935) dans laquelle le héros est sauvé non par sa bravoure mais par un livre de prières qui arrête la balle qui devait le tuer, qu'il portait à son insu dans un pardessus qu'une bonne âme lui avait offert. Mais, jamais il n'avait filmé d'une manière aussi explicite l'action de la Providence. Ainsi, elle se manifeste une première fois lors du procès de Balestrero. Celui-ci, pendant que se déroulent les audiences, prie en égrenant son chapelet sous la table. C'est alors qu'un juré, par une remarque trahissant sa partialité, provoque l'annulation pour vice de procédure de son procès qui était fort mal engagé. La main de la Providence se montre à nouveau à la faveur des prières que Balestrero murmure face au portrait du Sacré Cœur de Jésus. Tout se passe comme si le gros plan qu'il opère sur l'image de Jésus Christ avait un effet thaumaturge. En témoigne le plan suivant : cependant que le visage de Balestrero en train de prier occupe l'écran, surgit, en surimpression, du fond de l'image, la forme d'un individu qui s'avance vers le spectateur jusqu'à ce que son visage se confonde avec celui du héros, laissant apparaître la figure du véritable coupable dont la scène suivante montre l'arrestation. Hitchcock est un parfait représentant de l'iconophilie chrétienne, en ce que tout laisse supposer que la théophanie qu'il met en scène découle de la vénération d'une image religieuse. Rarement un film policier aura pris un tour aussi spirituel : en mettant l'accent sur la figure du Sacré Cœur, Hitchcock souligne que, plus que le droit, la force qui assure le triomphe de la justice est l'amour divin.

La représentation hitchcockienne de la Providence porte l'empreinte de la doctrine jésuite. Fortifié par sa foi, Balestrero, à la différence de son épouse qui sombre dans une culpabilité morbide, refuse de considérer qu'il est l'objet d'une malédiction. Non seulement il ne cède pas à la tentation du désespoir mais, de surcroît, coopère à son salut en priant. Difficile de ne pas voir dans son penchant salutaire pour la prière un legs de l'enseignement ignatien qui met l'accent sur les vertus de la piété. Il est clair que Hitchcock, avec *Le faux coupable*, renoue plus de vingt-cinq ans plus tard avec le vibrant plaidoyer sur lequel s'achève *Juno et le paon* (1930) : pour désespérée que soit l'héroïne, une mère dont la fille est déshonorée, le fils tué et la famille ruinée, elle ne lance pas moins devant la statue de la Vierge ce cri d'imploration chargé de foi : « Sainte Mère de Dieu, aie pitié de nous ! Très Sainte Vierge, où étais-tu quand mon fils s'est fait cribler de balles ! Oh Cœur sacré de Jésus, arrache nos cœurs de pierre et donne-nous la foi. Donne-nous ton amour éternel. » À la lumière de cet appel en faveur de la miséricorde divine, on mesure l'ambivalence du catholicisme d'Hitchcock partagé entre le pessimisme augustinien et l'espérance ignatienne, entre la hantise du péché originel et la confiance en l'amour divin.

Le péché de chair

Sueurs froides (1958) et *Pas de printemps pour Marnie* (1964) ont ceci de passionnant qu'ils apportent un éclairage intime sur le rapport du maître du suspense à la sexualité. Né dans une société victorienne placée sous le joug de la répression sexuelle, Hitchcock a toujours fait montre de puritanisme. En atteste son dédain pour les actrices comme Marylin Monroe auxquelles il reproche « de porter le sexe sur le visage ». Nombre de ses héros masculins témoignent non seulement d'une méfiance paranoïaque envers la duplicité féminine mais également d'une horreur du sexe. C'est le cas de Scottie, le personnage principal de *Sueurs froides* interprété par James Stewart, qui est tombé éperdument amoureux de Madeleine (interprétée par Kim Novak), une blonde mélancolique qu'il croit disparue. Hitchcock n'a jamais dissimulé que la scène qui l'avait poussé à tourner ce film est celle où, dans une chambre d'hôtel baignée d'une lumière verte, Stewart, tel un metteur en scène pygmalion, modèle Judy (Kim Novak), une brune à l'allure ordinaire, à l'image idéalisée de Madeleine : « Tous les efforts de James Stewart pour recréer la femme, cinématographiquement, sont montrés comme s'il cherchait à la déshabiller au lieu de la vêtir. Et la scène que je ressentais, c'est lorsque la fille est revenue après s'être fait teindre en blond. James Stewart n'est pas complètement satisfait parce qu'elle n'a pas relevé ses cheveux en chignon. Qu'est-ce que cela veut dire ? Cela veut dire qu'elle est presque nue devant lui mais se refuse encore à enlever sa petite culotte[10]. » Nulle scène mieux que celle-ci éclaire la nature de l'érotisme hitchcockien : plus, le « côté bestial » de Judy, selon l'expression de Truffaut, est gommé, plus elle ressemble à l'image romantique de Madeleine, plus elle devient attirante à ses yeux. Mais, lorsqu'il se rend compte que Judy et Madeleine sont une seule et même personne, qu'elle s'est jouée de lui avec la complicité d'un rival, une violente colère l'envahit : « Vous m'avez si bien dupé, *hurle-t-il*. Vous avez si bien joué votre rôle. Il vous avait modelée comme je l'ai fait, mais mieux. [...] Vous étiez sa maîtresse ! » Dans le

10. Fr. Truffaut, *op. cit.*, p. 208.

désarroi de cet homme comprenant que l'image féminine de pureté que symbolisait Madeleine était illusoire, on reconnaît sans peine le puritanisme du metteur en scène. Il est significatif que, à la mort de Judy/Madeleine, le héros se trouve guéri de ses vertiges et libéré de son impuissance. Tout se passe comme s'il préférait détruire sa création plutôt qu'elle ne lui échappe.

De la fiction à la réalité, il n'y a qu'un pas qui a été franchi à la faveur du tournage de *Pas de printemps pour Marnie* au cours duquel s'est produite une violente dispute entre le cinéaste et Tippi Hedren, une actrice qu'il avait découverte, formée et prise sous sa coupe : « Je ne parlais jamais de ma vie privée, *confesse-t-elle*. Jamais ! Cela le rendait fou. Je l'obsédais et il est très difficile d'être l'obsession de quelqu'un. [...] Éprouver des sentiments si forts que l'autre n'y répond pas est très difficile[11]. » Et Donald Spoto de révéler que, au cours de cette période, « Hitchcock perdit finalement tout vestige de dignité et de retenue. Seul avec Hedren dans sa caravane après une journée de travail, il lui fit une proposition sexuelle qu'elle ne pouvait ni ignorer, ni traiter avec désinvolture[12]. » Ayant déclaré après leur rupture qu'il briserait sa carrière, Hitchcock tint sa promesse en refusant toutes les propositions de films qu'elle recevait en vertu du contrat d'exclusivité qui les liait. Ce triste épisode marqua le début de son déclin artistique. Il est navrant de constater que cet homme qui était toujours parvenu à garder un parfait contrôle de soi se vit submerger au soir de sa vie par des passions qu'il ne pouvait plus contenir. L'ironie amère de sa destinée est qu'elle illustre la chute d'un être exemplaire qu'il mit si souvent en scène.

Jean-François PIGOULLIÉ

11. Patrick McGilligan, *Alfred Hitchcock, une vie d'ombres et de lumière*, Institut Lumière – Actes Sud, 2011, p. 827.

12. Donald Spoto, *La face cachée d'un génie, La vie d'Alfred Hitchcock*, Albin Michel, 2003, p. 497.

Culture

CHRONIQUE

d'Emmanuel Godo

Poète, écrivain et essayiste, professeur de littérature en classes préparatoires au lycée Henri-IV (Paris).

Les étoiles où Van Gogh respire

De Lucian Blaga, poète roumain, quelques vers ne cessent de me hanter, depuis leur découverte au hasard des lectures : « Où et quand la lumière m'a reçu, je ne le sais, / tapi dans l'ombre, seul, je tente de croire / que le monde est un chant[1]. » De ce poète, des circonstances de sa vie, je ne connais pas grand-chose, mais ces vers n'existent pas par hasard. Cette parole a traversé les nuits et ce que cherchait cet homme à travers elle est juste et noble.

Où et quand la lumière m'a reçu ? Question bouleversante de force et de simplicité. Le poète la fait entendre et elle résonne dans la vie de chacun. Quand avons-nous commencé à exister avec, à l'œil, à l'esprit et au cœur, l'éclat de l'éternel ? Edmond Jabès écrivait dans *L'ineffaçable, L'inaperçu*, troisième volume du *Livre des ressemblances* : « À l'âge déclaré d'un Juif, il faut toujours ajouter cinq mille ans[2]. » Et au nôtre ? Et à celui du poète ?

Comment est né en nous le désir de la vie fondée en vérité, placée sous le signe du feu ? Quand avons-nous pris conscience que nous étions, d'abord, avant tout, toutes affaires cessantes, des âmes en chemin, assoiffées ?

Hannah Arendt dans *Men in Dark Times*, traduit en français par *Vies politiques*, se demande comment un poète aussi génial que Bertolt Brecht (1898-1956) a pu être l'auteur complaisant d'une ode à Staline. Elle ne le charge pas, cherche à comprendre, à suivre la logique de l'erreur, d'autant plus douloureuse que Brecht est un immense poète qui, lorsqu'il célèbre Staline, écrit de mauvais vers comme si la voix mélodieuse l'avait quitté, dès lors qu'il avait voulu la mettre au service de l'injuste. « C'est la tâche du poète, *conclut-elle*, de forger les mots dont nous vivons et personne, à coup sûr, ne va vivre des mots que Brecht a écrits à la gloire de Staline[3]. »

1. Lucian Blaga (1895-1961), *Dans le grand passage* (*În marea trecere*, 1924), traduction de Jacques Poncet, Jacques André éditeur, « Poésie d'ailleurs », 2018.

2. Edmond Jabès (1912-1991), *L'ineffaçable, L'inaperçu, Le livre des ressemblances III*, Gallimard, « Blanche », 1980.

3. Hannah Arendt, « Bertolt Brecht », dans *Vies politiques* (*Men in Dark Times*), traduction de l'anglais et de l'allemand par Éric Adda, Jacques Bontemps, Barbara Cassin, Didier Don, Albert Kohn, Patrick Lévy et Agnès Oppenheimer-Faure, Gallimard, « Les Essais », n° 190, 1974.

En tête de cette étude, Hannah Arendt cite l'un des poèmes les plus vivifiants de Wystan Hugh Auden (1907-1973) : « Oui tu espères / que tes livres t'excuseront, / te sauveront de l'enfer : / néanmoins, / sans paraître triste / sans le moins du monde / avoir l'air de te blâmer / (il n'en a pas besoin, / sachant bien / ce dont se soucie / un amoureux de l'art comme toi), / Dieu pourrait bien te condamner / le jour du Jugement / à pleurer de honte / en récitant par cœur / les poèmes que tu aurais / écrits si / ta vie avait été bonne. »

La disposition des vers sur la page mime l'écartèlement, la claudication du poète entre ce qu'il est et ce qu'il pressent qu'il pourrait être. Le poème, chez les plus grands, n'est pas le lieu de l'apaisement illusoire, mais celui de la question, de la recherche haletante où se dit, sans dévoilement obscène, la ténuité de notre secret. La parole d'Auden nous soulève parce qu'elle nous rejoint au lieu de notre désir de vie bonne, dans ce presque rien qui nous manque à jamais pour être à la hauteur de notre promesse : cette musique et ce chant que notre vie porte, qui demandent à ce que nous les rejoignions.

La poésie nous parle toujours d'un temps plus vaste, d'une grande accolade silencieuse qui traverse les siècles. Arséni Tarkovski, le père du cinéaste, le savait bien. Comme dans cette magnifique supplique qui reconfigure le jeu des dettes : « Que Vincent Van Gogh me pardonne : / Je n'ai pas pu le secourir ; // Je n'ai pas étendu sur son chemin brûlé / L'herbe devant ses pas, // Je n'ai pas dénoué la courroie / de ses chaussures poudreuses, // Je ne lui ai pas donné à boire, / Ni ne l'empêchai de se brûler la cervelle. // Au-dessus de moi me menaçait, / Serré comme une flamme, un cyprès. // Jaune citron et bleu marine : / Sans eux je ne serais pas devenu moi-même ; // J'aurais humilié mon propre verbe / Si j'avais laissé choir ce fardeau. // Mais cette rudesse d'ange avec laquelle / Il a rapproché son coup de pinceau // De ma ligne écrite, vous conduit / À travers même ses pupilles // Jusqu'aux étoiles où Van Gogh respire[4]. »

Ces étoiles, réfractaires à un certain ordre du monde qui fait tant de tort à nos âmes, la poésie a la charge, inlassablement, de nous en redonner le désir.

4. Arséni Tarkovski (1907-1989), *L'avenir seul*, *Poèmes*, traduction de Christian Mouze (version bilingue), avec un court texte d'Anna Akhmatova sur l'auteur, Fario, 2013.

Sous toutes les coutures

« ***Du cœur à la main : Dolce&Gabbana*** », Grand Palais (*www.grandpalais.fr*), 75008 Paris, jusqu'au 31 mars.

« ***Louvre couture : Objets d'art, objets de mode*** », musée du Louvre (*www.louvre.fr*), 75001 Paris, jusqu'au 21 juillet.

Franco Cologni, Florence Müller et **Alberto Rocca** (dir.), *Du cœur à la main, Dolce&Gabbana* (catalogue), Éditions Rizzoli – Flammarion, 2025, 254 pages, 48 €.

Sophie Fontanel, *Défilé au Louvre*, coédition musée du Louvre et Éditions Seghers, 2025, 352 pages, 35 €.

Olivier Gabet (dir.) et **Marie Brimicombe**, *Louvre couture : Objets d'art, objets de mode* (catalogue), coédition musée du Louvre et Éditions de La Martinière, 2025, 272 pages, 39,90 €.

Hors-série « Louvre couture : Objets d'art, objets de mode », coédition musée du Louvre éditions et Beaux-arts & Cie, 2025, 60 pages, 13 €.

Pour la première fois, le musée du Louvre donne à voir une exposition dédiée à la mode et fait dialoguer ses objets d'art et la haute couture, dans un esprit de rapprochement très actuel.

■ Sur les quelque 9 000 mètres carrés du département des objets d'art du Louvre et sous le commissariat de son directeur, Olivier Gabet, les collections du Louvre engagent un dialogue inédit avec une centaine de silhouettes et d'accessoires, prêtés par quarante-cinq maisons de luxe ou créateurs de mode. Assisté par l'historienne de l'art et de la mode Marie Brimicombe, l'ancien directeur du musée des Arts décoratifs (MAD) s'est appuyé sur son expérience antérieure au MAD. Dans un parcours résolument chronologique, la scénographie a été imaginée par Nathalie Crinière, qui avait conçu celle d'une exposition pionnière et remarquée, « Christian Dior, couturier du rêve » au MAD (5 juillet 2017 au 7 janvier 2018). Cette fois, de Byzance jusqu'au Second Empire, les objets d'art révèlent leur puissance d'inspiration pour les créateurs réunis par l'exposition.

De manière inédite et relativement spectaculaire, le vêtement fait donc son entrée au Louvre, car le musée ne possède pas réellement de collection de ce type. Il y a bien, ici ou là, quelques tissus coptes et treize manteaux de l'ordre du Saint-Esprit brodés d'argent, qui avaient d'ailleurs fait l'objet d'une restauration il y a quelques années. On se souviendra également du passage d'une exposition « Yves Saint Laurent » au Louvre en 2022, portée par la Fondation Pierre-Bergé et associant en réalité cinq institutions parisiennes. Ce même Yves Saint Laurent que l'on retrouve dans le parcours actuel, par l'entremise d'une robe de sa collection de haute couture de 1997-1998 marquée par le Moyen Âge et la Renaissance, avec une frise de broderies de la Maison Lesage semblant répondre à la couronne dite « de Liège » datant du XIIIe siècle.

En fonction des espaces du parcours, le dialogue entre objets d'art et objets de mode joue sur des correspondances multiples, parfois inattendues. Dans la galerie des Chasses de Maximilien, le tailleur *Bambi* de Jean-Charles de Castelbajac, auréolé d'une coiffe en forme de bois de cerf, ne dépareille pas avec les tapisseries environnantes et leurs motifs. Dans la salle Charles-Quint, une armure dite d'Henri II lorgne en direction d'une intruse, qui est une longue robe de Balenciaga avec plastron et épaulières et qui n'a rien à lui envier : conçue en 3D et faite d'une résine chromée, elle a même tout d'une armure contemporaine. Sur une mezzanine, une cotte de mailles or et argent surplombe des pistolets : elle est sortie de l'imagination de Paco Rabanne en 1967 et a été portée par Brigitte Bardot.

Au cœur du faste des grands salons Napoléon-III, débordant de lustres et de dorures, les créations de haute couture prennent leur envol, à l'exemple de la robe *Syntopia* d'Iris van Herpen, réalisée avec la technique de la chronophotographie et qui évoque un vol d'oiseau. D'autres, *a contrario*, révèlent comment le mobilier devient une influence surprenante : ainsi, lors de la dernière collection de la maison Chanel présentée de son vivant, Karl Lagerfeld avait été inspiré en 2019 par une commode d'époque Louis XV en bleu et blanc de Mathieu Criaerd, pour la conception d'un ensemble veste et jupe brodées. Lui-même grand amateur d'art, avec une prédilection pour le XVIIIe siècle, le créateur de mode n'avait en réalité cessé de puiser ses références dans d'autres époques, comme pour la collection métiers d'art « Paris – Byzance ».

Signée Dolce&Gabbana, une robe arborant une mosaïque et brodée de cristaux et de paillettes dialogue plus loin avec une mosaïque de Torcello remontant au XIe siècle. Alors qu'une autre exposition au Grand Palais, « Du cœur à la main : Dolce&Gabbana », est actuellement dédiée à l'univers de la marque italienne, la robe montrée au Louvre tisse en fait un lien entre différentes manières d'exposer la mode. Également mis à l'honneur dans le spectacle vivant, par exemple à travers la pièce « Lacrima » de Caroline Guiela Nguyen, directrice du Théâtre national de Strasbourg, cet objet de mode par excellence que représente la robe n'aura jamais autant brigué le statut d'objet d'art et *in fine* d'œuvre à part entière.

■ Christophe Rioux

Le bleu de Geneviève Asse au pays de Soulages

« *Geneviève Asse, Le bleu prend tout ce qui passe* », musée Soulages, 12000 Rodez, jusqu'au 18 mai.

« *Geneviève Asse, carnets* », Bibliothèque nationale de France François-Mitterrand, galerie des Donateurs, 75013 Paris, jusqu'au 25 mai.

Benoît Decron et **Malika Noui** (dir.), *Geneviève Asse : Le bleu prend tout ce qui passe (catalogue)*, Éditions du musée Soulages, 2025, 144 pages, 25 €.

Silvia Baron Supervielle, *Un été avec Geneviève Asse*, L'Échoppe, 1996, 84 pages, 10,70 €.

Le bleu de Geneviève Asse, insaisissable et d'infinies nuances, est aujourd'hui indissociable de l'artiste, comme le noir l'est de Pierre Soulages.

■ Le musée Soulages et son directeur Benoît Decron accueillent une saisissante exposition sur Geneviève Asse (1923-2021), grâce à Malika Noui du Fonds de dotation Geneviève-Asse, près de quatre-vingts ans après la première exposition collective de l'artiste, à Paris, en 1946. Cette exposition de Rodez a l'ambition – réussie – de présenter l'œuvre de Geneviève Asse de façon diachronique et non chronologique. Si l'artiste opta, au tournant des années 1950, pour l'abstraction géométrique, l'exposition marque bien son parcours artistique autant qu'humain venant de la figuration, de la nature morte, dans la lignée de Paul Cézanne et Jean Siméon Chardin, alors que ses premières œuvres, dites « abstraites », tiennent pour leur part de Georges Braque et Bram van Velde, parmi d'autres.

Benoît Decron a obtenu le prêt de l'un des très rares portraits peints par l'artiste, *Fou au chapeau* (1945), poignant tableau qui représente un homme rencontré par Geneviève Asse lorsqu'elle était ambulancière et participa à la libération du camp de Terezín, en République tchèque. Son action dans la Résistance puis dans l'armée du maréchal Jean de Lattre de Tassigny lui valut la croix de guerre. En 2014, elle fut élevée à la dignité de Grand-Croix de la Légion d'honneur, rejoignant ainsi le petit groupe d'artistes élevés à cette dignité depuis Marc Chagall. Fort peu d'artistes, à vrai dire, hormis Hans Hartung, entrèrent dans la guerre, dans la Résistance ou dans les armées de la France libre, et encore moins de femmes… Ce qui prouve tout le courage et l'esprit de résistance de Geneviève Asse.

L'exposition et les essais du catalogue de Rodez montrent bien les liens très étroits entre l'artiste et quelques éminents poètes et écrivains de son époque, parmi lesquels Samuel Beckett, Yves Bonnefoy, Michel Butor, Charles Juliet, jusqu'à sa compagne Silvia Baron Supervielle. Dès 1948-1950, la couleur bleue devient dominante dans sa palette comme en témoignent notamment ses tableaux *Boîtes bleues* ou *Artichaut*.

Geneviève Asse nous a révélé une autre manière d'exprimer le bleu en peinture, comme le fit Pierre Soulages, avec l'outrenoir. Ses bleus ont mille teintes et luminosités jusqu'à ses gris et ses verts fascinants. Dans *Composition 220 x 160 cm* (1970), l'observateur est saisi par cette pâle césure qui divise la toile en deux entre le bleu nuit à gauche et le bleu gris à droite, césure qui devient une cascade blanchâtre « qui rompt pour nous l'accoutumance » (Saint-John Perse, *Allocution au banquet Nobel du 10 décembre 1960*). Dans sa *Composition diptyque* (1971), Geneviève Asse crée toujours des ruptures verticales mais aussi horizontales, comme en témoigne *Ligne rouge* (1998), césures qui ouvrent de nouvelles perspectives et donnent à ses plans immatériels une forme géométrique qui semble séparer ou, au contraire, conjoindre deux parties d'une même peinture. La paix et la sérénité émanant de ses toiles ne sont jamais totales et cette incomplétude est toute leur force. Avec leur déchirure, leur séparation, par une simple ligne ou un trait de césure, parfois imperceptible, comme caché sous la couleur primordiale, ses toiles sont saisissantes d'intensité. On peut y entendre les ruptures harmoniques de Darius Milhaud, Léonard Bernstein, Olivier Messiaen, Olivier Greif, mais aussi Maurice Ravel ou Francis Poulenc. De ses huiles sur toile se dégage une musique enveloppante, comme surnaturelle. Sur *Stèle n° 5* (1995-1996), Geneviève Asse, outre sa verticale blanche, a ajouté un trait oblique rouge sur l'immensité bleue de la toile.

Malika Noui écrit, dans son introduction aux *Carnets* présentés à la Bibliothèque nationale de France, après la dotation par Silvia Baron Supervielle de vingt-cinq d'entre eux : « Le rouge vif vient surprendre par une trace, un trait ou un frottement de brosse. “Le rouge est là pour allumer le feu”, aimait-elle dire » (catalogue, p. 91). Il y a dans cette peinture à la fois du vide et du plein, qui évoquent les grandes peintures d'Asie extrême (Chine, Corée et Japon), mais aussi le monde cistercien et l'art roman. Vide et plein que développe une autre artiste d'aujourd'hui, Fabienne Verdier. Sortant des salles où « le bleu prend tout ce qui passe », avec les bleus outremer intenses de Geneviève Asse, ses bleus cobalt, ses exubérances de bleus, ses cataractes de bleus, j'ai voulu revoir les salles des Outrenoirs de Soulages. Nous sommes juste saisis par tant de puissance créatrice de la part d'un peintre de 102 ans.

Les bleus de Geneviève Asse résonnent en nous à la vue des dernières peintures de Soulages. Autrement que les peintures d'Yves Klein, présentées naguère en ce même musée, les toiles et les carnets de Geneviève Asse nous illuminent de leur présence, autant que de leur puissance aérienne, océanique et intérieure.

■ Michaël de Saint Cheron

Marie-Antoinette (saison 2) : l'affaire du collier

de **Deborah Davis**, série française (huit épisodes de 52 minutes), avec Jack Archer, Jasmine Blackborow, Louis Cunningham, Roxane Duran, Oscar Lesage, Freya Mavor, Liah O'Prey, Emilia Schüle… • Sur Canal+

■ Année 1783, un hiver glacial s'abat sur la France. À Versailles, Marie-Antoinette attend son troisième enfant, dix ans après être devenue reine de France. La formidable première saison de la série (2022) était consacrée à l'arrivée de la dauphine (Emilia Schüle) et aux débuts complexes, à rebours des clichés habituels, de sa relation avec le futur Louis XVI (Louis Cunningham). Le couple royal y était dépeint avec délicatesse dans son intimité naissante et maladroite, mettant en lumière la violence réelle de la destinée imposée à ces adolescents. Dix ans plus tard, Louis et Toinette ont pris la mesure de leurs rôles et tentent de s'imposer dans la cour impitoyable de Versailles, prenant progressivement conscience de leur fragile solitude. Car Marie-Antoinette demeure « l'Autrichienne » dont on aura vite fait de se débarrasser si Louis, qui ne manque pas de rivaux prêts à s'emparer de la couronne, venait à disparaître prématurément. Entourée de ses favorites, la reine vit dans l'incertitude de la loyauté de ce cercle. Comment, en effet, déceler l'amitié véritable lorsque ce compagnonnage est une injonction de servitude ainsi qu'une lucrative proximité du pouvoir ? Les acteurs Emilia Schüle et Louis Cunningham continuent de porter sur leurs épaules la réussite de la série. La réserve et la gaucherie du roi deviennent ici attachantes tandis que les rôles de femme, de mère et d'épouse de la reine lui insufflent une maturité et une combativité endolories qui l'éloignent de l'insouciance juvénile de la dauphine qu'elle fut.

La série pèche quelquefois par des dialogues trop explicatifs et une tendance à rendre la modernité historique certaine de Marie-Antoinette un peu trop contemporaine : sa préoccupation face à la misère du peuple, sa révolte contre le pouvoir omnipotent des hommes… Mais ces faiblesses s'oublient vite au regard d'un récit taillé au cordeau par les intrigues politiques. À mesure que la glace hivernale fond, le feu des idées révolutionnaires commence à faire des étincelles. À la cour de Versailles s'oppose celle du duc de Chartres au Palais-Royal, qui contribue activement à alimenter la haine contre « l'étrangère ». Avec intelligence, la trame du récit se cantonne largement à cette bulle aristocratique qui va profiter de l'élan révolutionnaire pour alimenter ses guerres intestines. Le faste et les loisirs de la Cour apparaissent de plus en plus précaires et le couple royal de plus en plus isolé parmi les dorures de la galerie des glaces. Il demeure sourd à la rumeur qui se rapproche, trop occupé à affronter les menaces intérieures qui fermentent et les malheurs personnels qui les assaillent. C'est là que la série excelle, dans l'intimité qu'elle offre à cette famille aimante dans un palais où tout les expose. Elle permet de voir l'engrenage impitoyable qui s'enclenche tandis que, petit à petit, Louis XVI et Marie-Antoinette, pensant ainsi se protéger, prennent des décisions qui s'avéreront cruciales et délétères dans le sort que la Révolution leur réservera.

■ Elsa Colombani

Un parfait inconnu

de **James Mangold**, film étasunien (2 h 20), avec Monica Barbaro, Timothée Chalamet, Elle Fanning, Boyd Holbrook, Scoot McNairy, Edward Norton…
• En salles

■ James Mangold aime se confronter à des genres très ancrés dans le cinéma américain, pour mieux en explorer les mythes : le film noir (*Copland*, 1997), le western (*3 h 10 pour Yuma*, 2008), le film de superhéros (*Logan*, 2017) ou le *biopic*, hier avec *Walk the line* (2006) où il retraçait le parcours de Johnny Cash (sous les traits de Joaquin Phoenix), aujourd'hui avec ce portrait de Bob Dylan, incarné avec une grâce nonchalante par Timothée Chalamet. En évitant, au moins en partie, les tropismes de la biographie laudative, il montre comment les chansons de l'artiste étaient pour lui un mode de communication plus qu'un révélateur de son engagement politique. Il capture ainsi quelque chose de l'essence d'un chanteur qui a bouleversé les codes de la musique populaire et qui a lutté pour ne pas se laisser statufier de son vivant. Sa mise en scène a l'élégance de laisser de nombreuses séquences s'achever comme sur des points de suspension, ce qui donne un dynamisme percutant à la narration et lui permet d'être fidèle au caractère énigmatique de Bob Dylan.

De son passé dans son Minnesota natal (sur lequel il ne s'exprime pas), on ne saura rien. Le scénario, adapté de l'essai *Bob Dylan électrique, Newport 1965* d'Elijah Wald, publié en 2015 et qui vient de sortir opportunément pour la première fois en livre de poche (Rivages, 2025), respecte son silence en datant son acte de naissance à ce jour de janvier 1961 où, à l'âge de 19 ans, il débarque à New York pour rencontrer son héros Woody Guthrie (Scoot McNairy). Le récit s'achèvera quatre ans plus tard à l'été 1965, avec sa prestation au Festival de Newport, organisé par Pete Seeger (Edward Norton), figure majeure de la *folk music* qui fut son parrain très paternel au sein de la scène culturelle de l'époque. Entre ces deux dates, le jeune ménestrel sera devenu, à son corps défendant, le porte-parole d'une génération qui, confrontée à la guerre du Vietnam et à la lutte pour les droits civiques des Africains-Américains, s'est retrouvée dans les paroles de ses chansons protestataires.

Cette reconnaissance écrasante ne fera qu'accentuer sa soif d'indépendance, qu'il recouvre ce jour où il entonne *Like a Rolling Stone* (1965) et passe de la guitare acoustique à l'électrique, déclenchant l'ire d'une foule qui lui était pourtant acquise. Lorsqu'il scande « *How does it feel to be on your own ?* » (« Comment se sent-on quand on est seul ? »), il évoque certes sa solitude d'avoir été placé sur un tel piédestal mais affirme surtout à ceux qui l'écoutent qu'il n'est pas un messie et qu'ils devront penser par eux-mêmes. Il coupe alors les ponts avec une partie de ses admirateurs, ceux qui veulent lui dicter qui il doit être et ce qu'il doit dire. Désormais, il redevient un individu à part entière, alors que, paradoxalement, il monte désormais sur scène avec d'autres musiciens. La virtuosité de Mangold se retrouve dans sa capacité à faire passer moult sentiments et informations en peu de temps, en variant les points de vue entre Bob Dylan, ceux qui le comprennent et ceux qui se sentent trahis par lui.

■ Pascal Le Duff

A Real Pain

de **Jesse Eisenberg**, film étasunien (1 h 30), avec Kieran Culkin, Jesse Eisenberg, Jennifer Grey, Will Sharpe… • En salles

■ Le cinéma américain a largement joué sa part dans la révélation au monde de la Shoah, en filmant les camps de concentration et d'extermination au moment de leur libération. Samuel Fuller (1912-1997), alors caporal, documenta avec sa caméra la découverte macabre. Pour son deuxième long métrage en tant que réalisateur, l'acteur Jesse Eisenberg (découvert en 2010 dans *The Social Network* de David Fincher), s'attaque à la réactualisation de cette image traumatique en filmant le camp polonais de Lublin. Deux cousins, Benji et David Kaplan, se livrent à un voyage mémoriel à travers la Pologne marquée par les pogroms juifs. Dans ce contexte tragique, leur duo prend des accents comiques. David est interprété par le cinéaste, Benji par Kieran Culkin, star de la série *Succession* (de Jesse Armstrong, 2018-2023). Sa puissance comique est tempérée par la profonde dépression apathique qu'il traverse. Le point d'orgue du périple est la visite guidée silencieuse qui mène jusqu'à la chambre à gaz, dont les traces bleutées sur les murs et le plafond trahissent l'utilisation du Zyklon B.

Le silence se fait dans ces lieux dont la mémoire hante l'existence du groupe de touristes. Silence de recueillement et de stupéfaction d'autant plus notable que le film est fait d'incessants dialogues profus, de bavardages drolatiques entre les cousins qui promènent en bandoulière leur dépression d'exilés de troisième génération. Dans une constante politesse en retrait, le plus âgé est gêné par la nature extravertie de son cousin, dont la franchise séduit son entourage autant qu'elle le désappointe. Chacun à sa manière porte dans son caractère le malaise d'être un survivant de l'horreur. Le ping-pong vif de ce *buddy movie* (« film de potes ») est interrompu par de longues plages de Chopin, souvent en contrepoint avec la tonalité de la scène. Les humeurs changeantes des valses, nocturnes ou préludes accompagnent les paysages que le musicien polonais a possiblement traversés en son temps. Benji et David s'imaginent un instant ce que serait leur vie dans cette province d'Europe centrale, si leur grand-mère n'avait pas fui l'antisémitisme de son pays natal, de quelle culture ils seraient imprégnés.

De fait, les deux Américains ne sont pas si poreux à la réalité qu'ils rencontrent. Ce que le tour mémoriel leur permet est davantage une introspection, une réflexion sur ce que signifie pour eux être juifs, être issus d'une histoire tragique, ce qui leur a été transmis de cet héritage culturel. Le cinéaste a lui-même accompli avec son épouse ce périple sur les traces de la maison de sa grand-tante, et en a tiré l'idée de ce *road movie* dont les grands *travellings* tracent davantage une traversée des sentiments qu'une visite d'un territoire nouveau. Si *A Real Pain* est une comédie de la dépression, c'est aussi un film de printemps où le vert tendre d'une nature en renouveau vient contredire son contexte morbide. La concomitance du temps de la vie et de celui de la mort forme un cycle, comme la boucle temporelle qui sert de structure au film qui commence et finit à l'aéroport de New York, et rejette les deux cousins dans le tumulte de leur vie.

■ Raphaëlle Pireyre

Queer

de **Luca Guadagnino**, film italien et étasunien (2 h 16), avec Daniel Craig, Jason Schwartzman, Drew Starkey… • En salles

■ En anglais, l'adjectif « *queer* » désigne ce qui est bizarre, étrange, curieux. Le terme a aussi longtemps servi à stigmatiser les personnes homosexuelles avant que celles-ci n'en reprennent l'usage à leur compte, désamorçant sa charge nocive, opérant un « retournement du stigmate ». Publié en 1985 mais écrit dans le courant des années 1950, le récit de William Seward Burroughs (1914-1997) qu'adapte Luca Guadagnino témoigne de cette évolution. Si le mot paraît s'afficher sur la couverture avec fierté, il est, dans le corps du texte, l'objet d'une constante négociation. Être *queer*, se désigner ou non comme tel, c'est le dilemme existentiel auquel se confronte l'avatar de l'écrivain, William Lee (Daniel Craig), et son jeune compagnon Eugene Allerton (Drew Starkey). Au Mexique où tous deux ont trouvé refuge, les amours masculines ne semblent pourtant guère susciter d'émoi. Une communauté s'est constituée autour d'expatriés ne craignant pas d'afficher leur orientation sexuelle, parfois même avec une certaine exubérance. Mais cela ne suffit pas toujours à échapper au sentiment de honte.

Après avoir incarné une virilité immarcescible cinq longs métrages durant, de *Casino Royale* (de Martin Campbell, 2006) à *Mourir peut attendre* (de Cary Joji Fukunaga, 2021), il est frappant de voir Daniel Craig rompre définitivement avec la figure de James Bond en composant un personnage plus opaque, et surtout plus fragile. Certes toujours athlétique, l'acteur offre à la caméra contemplative de Guadagnino un visage marqué par le temps et, pour ce qui concerne son personnage, les excès d'alcool et de drogue. Loin de se réduire à une mise à nu artificielle, le film permet surtout à Daniel Craig de varier les rythmes et d'inscrire son jeu dans la durée. Malgré une musique quelquefois envahissante, il est évident que bien des plans parmi les plus troublants tiennent grâce à sa seule présence, tel un bloc de tristesse se fendillant à vue, sans jamais s'effondrer. Inattendue également est la performance de Leslie Manville (docteure Cotter), méconnaissable en scientifique perdue dans la jungle équatorienne, qui ouvrira au couple les portes de la perception en leur concoctant la préparation hallucinogène appelée ayahuasca (ou yagé).

Si *Queer* ne rechigne pas à évoquer la sexualité dans ses détails les plus organiques, les cadrages demeurent pudiques, la caméra se détournant même de l'acte sexuel pour aller voir ce qui se passe à la fenêtre, selon une convention quelque peu désuète. C'est aussi que les personnages eux-mêmes oscillent entre abandon et rétention. Il faudra que William et Eugene s'initient au yagé pour éprouver pleinement la communion des chairs. La séquence est superbe et justifie à elle seule le film. Dans un élan plastique à la fois monstrueux et sublime, les corps se pénètrent, entrent en fusion, se perdent et se retrouvent. Expérience d'une intensité vertigineuse, où les frontières de l'identité et les découpes du langage s'abolissent : un au-delà du *queer*, en somme, ouvrant sur une étrangeté fondamentale. La mélancolie tient à ce que cette métamorphose ne peut être que fugace. Et William Lee de retomber dans cet état de manque qu'il aura cherché par tous les moyens à fuir.

■ Raphaël Nieuwjaer

Magma

de **Cyprien Vial**, film français (1 h 25), avec Djannys Adelo, Mikaël Blameble, Robin Breton, Théo Christine, Genny Dagnet, Darren Delannay Marinette, Mathieu Demy, Marina Foïs, Aude Massengo, Dimitry Zandronis…
• Sortie le 19 mars

■ En 1976, tout le sud de la Guadeloupe a été évacué à la suite d'un réveil volcanique. 75 000 personnes ont été empêchées de rentrer chez elles pendant plusieurs mois. Marquée par ce précédent socialement désastreux, Katia Reiter (Marina Foïs), directrice de l'Observatoire volcanologique de Guadeloupe, retarde l'évacuation des populations concernées par un nouvel épisode volcanique, jusqu'à ce que les jeunes de son équipe lui fassent comprendre qu'elle se trompe dans ses analyses. Son thésard et protégé, Aimé Lubin (Théo Christine), craignant pour ses parents demeurant au sud de Basse-Terre, a d'emblée pris la position inverse. Et la controverse politique devient scientifique : lequel des deux a-t-il réuni le plus d'éléments permettant de conclure à une dangerosité pour la population ? Le film tient tout entier sur ce duel scientifique, générationnel et culturel, car Katia est une femme blanche de 50 ans, venue de métropole, et Aimé un Guadeloupéen de 25 ans. Leur relation est à l'image de la catastrophe : une explosion menace, le doute s'installe et tous deux voient leurs repères chamboulés à mesure qu'ils approchent de la zone de fusion. Qu'ils examinent un cadavre de rongeur, des bouts de roche ou des sons dans la montagne, ils tentent d'interpréter au mieux des signaux dans le brouillard. Et ce défi entre eux et autour d'eux crée une tension croissante.

Comme la nature en crise qu'il observe, *Magma* présente des zones de fragilité. Ses seconds rôles restent trop dans la brume, l'équipe de la volcanologue, son compagnon et ses enfants, les parents d'Aimé ou le préfet (Mathieu Demy). Et l'arrière-plan politique évoque d'un peu loin l'erreur d'arbitrage historique. Mais, en sus de références scientifiques captivantes pour les profanes, le film convainc par sa force de représentation : les paysages de Guadeloupe, le corps d'une femme de 50 ans, une femme scientifique et un thésard noir, des véhicules de pillards traversant des zones désertées et la surchauffe générale… *Magma* propose des images rares au cinéma, mais sans spectaculaire : « Y'a pas de lave ici, il faut aller à la Réunion… », précise Katia. Son savoir de femme blanche est symboliquement remis en question. Dans un décor de fumées qui rend hommage à *La Soufrière* de Werner Herzog (1977), l'émancipation de son élève prend des airs de réappropriation. Et la polémique qui avait opposé à l'époque Haroun Tazieff à Claude Allègre s'efface au bénéfice de l'implication des populations dans la défense de leur territoire.

Ingrid Merckx

La littérature, un petit monde

Gisèle Sapiro, *Qu'est-ce qu'un auteur mondial ? Le champ littéraire transnational,* Éditions de l'École des hautes études en sciences sociales – Gallimard – Seuil, « Hautes Études », 2024, 480 pages, 25 €.

■ Sociologue, directrice de recherche au Centre national de la recherche scientifique et directrice d'études à l'École des hautes études en sciences sociales, Gisèle Sapiro livre aujourd'hui un essai neuf et passionnant qui dévoile les coulisses du champ d'accès de certains auteurs et certaines autrices à l'international[1], plus précisément le rôle des intermédiaires et médiateurs en tous genres et les stratégies qui permettent à des œuvres de circuler à travers le monde. Mieux, d'entrer au « panthéon de la littérature mondiale ». Fruit de vingt-cinq ans de recherches, son ouvrage – une véritable somme – s'appuie sur un matériau impressionnant : entretiens en France et à l'étranger, archives de maisons d'édition et de l'Académie suédoise, ouvrages dont l'essayiste se démarque ou non (ainsi, Pascale Casanova, *La République mondiale des lettres*, Seuil, 1999, réédité chez Points, en 2008). Aussi rigoureux que remarquablement clair et vivant, l'essai qui adopte un itinéraire chronologique s'avère d'une lecture aisée. Seule l'introduction pourra sembler aride aux non-initiés : elle précise – rigueur oblige ! – le cadre théorique, les concepts clés, la manière dont l'essayiste se réclame de Pierre Bourdieu, mais en étendant le niveau d'analyse au processus de « fabrication » d'auteurs transnationaux. Ce processus, très complexe et très lent, s'avère inégalitaire dès sa première étape, souligne Sapiro : les chances qu'a un livre d'être traduit dépendent tout à la fois de sa langue d'origine et du « capital symbolique » de sa maison d'édition. Si les conditions ultérieures évoluent à travers les décennies, c'est dans une constante imbrication des enjeux culturels, économiques et politiques (la conclusion de l'essai ne manque d'ailleurs pas de s'interroger sur « les fondements impurs de l'autonomie » du champ littéraire transnational). L'entre-deux-guerres, premier temps sur lequel se penche l'essayiste, est marqué par une intensification des échanges par-delà les frontières nationales et une reconnaissance de la littérature américaine en Europe. La Société des nations joue un rôle important, comme le fera plus tard l'Unesco. Pour ces deux instances, la coopération culturelle se doit en effet d'être un outil du dialogue entre les peuples. En France alors, le fameux canon gréco-latin se voit remplacé par la littérature moderne en langues vernaculaires. En témoigne le destin des romans de William Faulkner (1897-1962). Dans une alternance bienvenue entre vues d'ensemble et focales, Sapiro propose une longue et captivante étude du cas paradigmatique que constitue (avant ce qu'elle appelle joliment « l'invention de J. L. Borges ») l'installation de Faulkner dans le champ

1. Voir ainsi Gisèle Sapiro, *Les écrivains et la politique en France, de l'affaire Dreyfus à la guerre d'Algérie*, Seuil, 2018 (cf. *Études*, n° 4256, janvier 2019) et, récemment, de la même autrice, *Peut-on dissocier l'œuvre de l'auteur ?*, Seuil, 2020.

littéraire français. Quoique réputée difficile d'accès et profondément inscrite dans le Sud étasunien, son œuvre est importée en France grâce aux agents passeurs et au travail de prospection de Maurice-Edgar Coindreau (son futur traducteur en concurrence avec René-Noël Raimbault). Grâce surtout à la ténacité de Gaston Gallimard qui fit traduire entre 1933 et 1939 neuf de ses romans, malgré la faible rentabilité des ventes, avant de choisir des préfaciers de renom (André Malraux pour *Sanctuaire*, Gallimard, 1933, par exemple) – autre stratégie de « certification » de la valeur littéraire d'une œuvre. Aidé par son succès en France, Faulkner sera finalement canonisé dix ans plus tard par l'Académie suédoise.

Dans l'après-guerre où se consolide le statut de Gallimard et de ses revues de littérature étrangère, s'affirme également le prestige de la littérature des États-Unis, non sans liaison avec leur domination politique naissante sur le monde. Dans le même temps, l'Unesco élargit son programme d'« œuvres représentatives », veillant à ouvrir celui-ci aux cultures non-occidentales et aux écrivaines – l'accès au Nobel et à la plupart des prix demeurant toutefois le privilège de l'homme blanc occidental. Cette ouverture aux « groupes minorés » ne se renforce que dans les années 1980, à l'heure de la mondialisation. Elle est due en grande partie, suggère Sapiro, aux mouvements tiers-mondistes et féministes, aspect « positif » à ses yeux de l'hégémonie anglo-américaine qui introduit par ailleurs d'autres formes de domination. Pour résister à celles-ci, aux concentrations dans l'édition de même qu'à la tactique de maisons éditoriales essentiellement centrées sur leurs acquis, des éditeurs indépendants et engagés politiquement s'attachent à promouvoir des créations récentes et « une plus grande diversité linguistique et culturelle », par le truchement d'importants festivals (Étonnants Voyageurs à Saint-Malo, *Internationales Literaturfestival* à Berlin). Une lutte à laquelle l'essai rend hommage, car ces éditeurs courent le risque d'être dépossédés des « fruits de leur investissement » par des intermédiaires localisés dans les grandes capitales culturelles occidentales. On pourrait désormais ajouter comment le dernier Prix Nobel de littérature en témoigne, décerné à l'écrivaine sud-coréenne Han Kang[2], dont les premières œuvres ont été traduites – jusqu'en 2019 – aux éditions du Serpent à plumes, aujourd'hui disparues.

L'ouvrage de Sapiro est particulièrement éclairant et indispensable à lire aujourd'hui où l'on s'interroge tant sur la mort de la littérature française dans le monde – discours qui s'est rapidement propagé chez les Anglo-Américains…

■ Marie Goudot

2. Voir Han Kang, *Impossibles adieux*, Grasset, 2023 (*cf. Études* n° 4313, avril 2014).

Des nouvelles d'Italo Calvino

Italo Calvino, *Romans*, édition d'Yves Hersant, traduit de l'italien par Yves Hersant, Christophe Mileschi, Martin Rueff et Roland Stragliati, Gallimard, « Bibliothèque de la Pléiade », n° 672, 2024, 1 328 pages, 76 €.

Italo Calvino, cahier dirigé par Christophe Mileschi et Martin Rueff, Éditions de l'Herne, « Cahiers de l'Herne », 2024, 304 pages, 37 €.

Il n'est jamais évident de fêter un centenaire sans excès de rhétorique, d'autant plus lorsqu'il s'agit d'Italo Calvino (1923-1985), infatigable défenseur de la légèreté en écriture, depuis *Le sentier des nids d'araignée* (1947), conçu comme un antidote à la veine héroïsante des commémorations littéraires de la Résistance, jusqu'à l'ouverture des *Leçons américaines : six propositions pour le prochain millénaire* (1988) consacrée à Persée, icône d'une littérature en apesanteur. Par conséquent, quel meilleur anniversaire qu'un manifeste des énergies qui animent toujours les lecteurs de Calvino ? Les années 2023-2024 auront en effet été marquées par un intense remue-ménage qui a mobilisé amis, auteurs, théoriciens et critiques, parmi lesquels Martin Rueff, éditeur notamment du récent et inédit *Le métier d'écrire* (Gallimard, 2023) ou encore les membres de l'Oulipo qui publient les *Villes indivisibles* (Nous, 2024) en écho aux *Villes invisibles* d'Italo Calvino (Gallimard, 2013).

Les textes ici recensés sont l'occasion de retrouver l'« écureuil de la plume », selon le mot de Cesare Pavese (1908-1950), à la faveur d'une mosaïque de portraits dont la variété rend hommage à la richesse de la pensée de l'auteur, depuis les tentatives de mise en ordre (la « Bataille rangée des personnages calviniens » de Perle Abbrugiati) jusqu'aux expériences de lecture les plus intimes. Dans un dialogue entre lecteur et auteur si cher à Calvino, selon une pratique de l'innutrition (assimilation consciente ou non de la tradition) portée par lui au rang de force motrice fondamentale en littérature, des écrivains contemporains évoquent leur rapport à une œuvre en particulier : Philippe Forest pour *Le château des destins croisés* (1969) ou Yannick Haenel et *Le chevalier inexistant* (1959). En miroir de ces joutes, on lira avec d'autant plus d'intérêt le compte rendu des confrontations littéraires de Calvino les plus marquantes, par exemple avec l'Arioste, dans un bel article de Paolo Grossi.

À l'opposé de ces inédits, les romans réunis dans la récente Pléiade nous paraissent familiers ; mais de la rencontre entre les traductions remises sur le métier durant ces dernières années et le lecteur parti à la redécouverte de ses classiques naît une œuvre transfigurée. La relecture a des vertus herméneutiques particulières, et ce n'est pas le moindre des arguments de Calvino dans sa célèbre exhortation à redécouvrir les classiques : « Nos retrouvailles avec eux sont des événements nouveaux ! » À son appel, on fera l'expérience de la fécondité de ces retrouvailles : l'équivocité du sens renouvelé est toujours une richesse.

Les éditions de l'Herne consacrent une riche sélection de textes aux rapports de Calvino avec le monde contemporain, avec, en toile de fond, la question de l'engagement hors de la littérature. Comme Yves Hersant en préface à l'édition de la Pléiade, le cahier, dans ses parties consacrées à la politique et aux relations entre Calvino et Pasolini, défait brillamment les mirages de la grossière comparaison entre un artiste engagé et un poète ermite : ni l'une ni l'autre de ces postures ne rendent correctement compte de la voie choisie par les deux auteurs pour configurer leur action dans le monde. Les écrits de Calvino sur la politique manifestent la fermeté de ses prises de position, d'abord au prisme de son engagement communiste, puis, après 1957, selon une ligne personnelle mais nettement identifiable. Ils disent aussi sa conviction que l'engagement du poète se réalise par-dessus tout dans une littérature à même de transformer la société, la fiction constituant en ce domaine une ressource salutaire.

Une fois éteints les faux incendies de l'opposition à Pasolini, apparaissent la complexité et la profondeur de l'entreprise calvinienne de compréhension et de cartographie de son époque, jusqu'à l'intuition des caractères des temps à venir : le cahier met en avant l'intensité de la question écologique dans son œuvre, ainsi que sa sensibilité prémonitoire à la place en littérature des intelligences artificielles (IA). En forme de salut adressé à la sagacité de l'un des précurseurs de la confrontation entre poésie et machine et selon le régime d'écriture à contraintes qu'il prisait tant, Camille Bloomfield et l'Oplepo (équivalent italien de l'Oulipo) signent un remarquable exercice d'invention et de traduction assistées par l'IA à partir d'une phrase de Calvino.

Enfin, l'auteur de la *Trilogie héraldique* (*Le vicomte pourfendu*, *Le baron perché* et *Le chevalier inexistant*, entre 1952 et 1959) cultive la passion des emblèmes et des symboles, des signes écrits et non écrits. Les nids d'araignée de Pin, Cosimo dans l'arbre du *Baron perché*… « À l'origine de chaque histoire que j'ai écrite, il y a une image qui me tourne dans la tête », avant de devenir le motif qui projette en avant le récit et lui communique son souffle narratif. La section du cahier consacrée à l'image fixe et animée, de la peinture de Turner au cinéma de Visconti, fournit des clés d'interprétation fondamentales pour parcourir le labyrinthe de la poétique de Calvino et – selon le mode oblique et sans cesse renouvelé qui caractérise les rapports entre sa littérature et le monde – de sa pensée : on lira pour s'en convaincre les remarquables textes sur *Monsieur Verdoux* (Charlie Chaplin, 1947), *Et vogue le navire* (Federico Fellini, 1983) et *Salò ou les 120 journées de Sodome* (Pier Paolo Pasolini, 1975), où Calvino analyse le plus intensément la force des images et le rôle du septième art dans le monde contemporain.

Ainsi s'achève un cahier qui devra combler les curieux de toutes natures qui arpenteront, à l'occasion de ce centenaire, le sentier des nids de l'écureuil.

■ Antoine Boustany

Jean Giono

Voyage à pied dans la Haute-Drôme

Notes pour Les Grands Chemins.
Édition d'Antoine Crovella.
Gallimard, « Éditions des Busclats », 2024, 128 pages, 5 illustrations, 15 €.

■ Depuis quatre-vingt-cinq ans, les Archives nationales renfermaient un trésor aux allures de modeste cahier d'écolier : le *Voyage à pied dans la Haute-Drôme* qu'annonce le titre manuscrit sur sa couverture est celui que Jean Giono (1895-1970) avait entrepris en juillet 1939, recherchant dans les paysages minéraux du Diois la matière nécessaire à la composition d'un « ample » roman à venir, *Les Grands Chemins* (1951). C'est à la faveur de recherches historiques qu'Antoine Crovella – auteur de l'élégante présentation de cet inédit – découvre ces précieuses notes. Voilà un bel exemple de sérendipité. Un privilège nous est ainsi accordé : explorer les chemins empruntés par l'esprit créateur de Giono. Parcourant le « plus beau pays du monde » où se joue un « diabolisme souterrain », Giono observe et admire les éléments (on peut tomber amoureux d'une roche) qui composent ce désert archaïque drômois où les paysans poussant leur char sont des « auriges ». Ce paysage hors du temps parle, raconte ses légendes où se rencontrent Bouddha, Don Quichotte et des fabricants de pognes. Le promeneur solitaire y construit une connaissance de l'humain, celle que l'on trouve dans les auberges : visages, comme celui de cette « femme de Rubens », vies, personnages romanesques. Si elles sont lapidaires – à l'image du paysage traversé – et vives afin que « les couleurs ne sèchent pas dans les tubes », les notes de Giono portent en elles une puissance évocatrice et poétique rare. Le chant du monde s'y fait entendre dans son saisissement même (« Silex, eaux croupies avec le pelage sombre des carex ») et éveille les sens de celui qui sait l'écouter.

■ Marc Malcor

Christophe Pradeau

Sur les lieux

Verdier, « Critique littéraire », 2024, 512 pages, 25,50 €.

■ Voici une ample et réjouissante méditation sur le « romanesque des lieux ». Mais ces « lieux », ce ne sont ni exactement les décors des romans, ni des « lieux communs » plus figurés, ni même simplement telles contrées bien réelles dont les auteurs s'inspirent, mais plutôt l'interface extrêmement instable et réversible, entre réel et fiction, où tout le roman, et peut-être tout texte, installe son lecteur. Ainsi arpentons-nous ou recherchons-nous, en compagnie des auteurs, de Virgile à Jean-Paul Kauffmann, et de personnages aussi divers qu'Emma Bovary et Arsène Lupin, la maison de Dulcinée devenue lieu de pèlerinage littéraire, les tombes introuvables de Germinie Lacerteux, personnage des Goncourt, ou de Lucile de Chateaubriand, sœur de François-René, l'immense « désert d'hommes » que forme la ville moderne ou encore le mythique village de Combray, que Proust déplace en Champagne d'une édition de la *Recherche* à l'autre, afin que la Première Guerre mondiale le détruise, mais que les lecteurs sauveront, eux, par la patrimonialisation spectaculaire du village d'Illiers, en bordure du Perche, devenu Illiers-Combray pour les besoins de la cause. Sous le patronage d'Albert Thibaudet et de Judith Schlanger, l'auteur nous mène à travers tous les recoins d'une vaste mémoire spatiale collective, pour finir en compagnie d'Orhan Pamuk, inventeur d'un extraordinaire dispositif à trois étages, ayant fait de son *Musée de l'innocence*, un véritable musée, lui-même à l'origine d'un catalogue…

■ Alexandre de Vitry

Jean-Christophe Bailly

La ville en éclats

La Fabrique éditions, 2025, 200 pages, 13 €.

■ Ce livre en forme de recueil de textes part d'un constat, celui de la modification de l'expérience urbaine. Le titre lui-même est un défi à l'unité de l'objet-ville et de l'objet-livre. Si l'auteur suggère le *leitmotiv* et le labyrinthe, on relève une métaphore pivot qui fait tenir l'ensemble, la figure classique depuis le XIXe siècle de la ville comme texte. Ajoutons que ce recueil, tenant à la fois de l'analyse et de l'évocation, repose sur une dense intertextualité bibliographique. Le propos s'adosse à une série d'articulations que l'on retrouve d'un texte à l'autre, suivant une logique de l'écho : architecture/littérature, ville/rêve/pouvoir, ville/temps/mémoire. Ces articulations se déploient autour de points de fixation : la gare d'Aulnay, Brooklyn, une photographie, un passage romanesque, un regard, un lycée, des monuments disparus. De cette configuration structurante ressortent plusieurs figures : le flâneur, le passant, le lecteur, le poète et le passager. La clé de lecture réside dans une présence explicite ou fantomatique de Walter Benjamin, de ses conceptions du temps, de l'histoire et de la ville doublement cristallisées dans le lieu du passage parisien et dans la catégorie de trace. Émerge alors une pensée de la ville comme monde fait de flux, de vestiges et de possibles à-venir. De là une réflexion autour de l'intentionnalité monumentale, de l'imposition édilitaire et du geste architectural. Si le livre embrasse l'urbain, il est aussi et tout à la fois écriture sur l'art, la littérature et la déambulation. En somme, il est une invitation à des lectures plurielles qui intéresseront l'architecte, le promeneur, le critique d'art et ceux qui, détenant du pouvoir, souhaitent en faire un usage réfléchi et ouvert.

■ Gautier Garnier

Andreï Sobol

Le Panopticum

Avant-propos et traduction
du russe par Fanchon Deligne.
La Baconnière, 2024, 88 pages, 15 €.

■ Andreï Sobol (1888-1926) est un écrivain méconnu, membre du contingent des poètes que les bolcheviques ont soigneusement oubliés. Contemporain de Maïakovski, dont il partage l'esprit futuriste, Sobol rédige en 1922 une œuvre curieuse, court roman où se déploient dans un rythme endiablé expérimentations littéraires et critiques acerbes d'un temps incertain. L'action se déroule à Krasno-Selimsk, peu de temps après la révolution. La ville où l'on a « déclaré une guerre ferme et implacable aux ténèbres » a fait son entrée dans la modernité, l'odeur du kérosène a remplacé celle du gibier. Un « futuriste pétersbourgeois vêtu d'une veste de travail matelassée » y a ouvert un atelier poétique. Dans la rue, une enseigne énigmatique brille. C'est celle du *Panopticum*. Passants et lecteurs sont invités à entrer. Les automates et statues de cire que ce musée abrite sont vivants et forment un microcosme comique. Un guerrier boer, un archer samoyède et Marie-Antoinette s'y côtoient. Le personnel lui-même semble être issu d'une collection tératologique digne de la *Kunstkamera*. Un groupe d'« anarcho-égocentristes » y fait une irruption brutale et chaotique ; la tête de plâtre de Marie-Antoinette tombe et roule à nouveau sur le sol, répandant cette fois-ci « du sang sec d'un blanc bleuté ». Des tchékistes y traquent les corps et les esprits inadaptés. *Le Panopticum* est un poème impertinent, vif, à la créativité enivrante, un fil qui relie *Le journal d'un fou* de Gogol et *Roman avec cocaïne* d'Aguéev. Alors, dans cette admirable farce tragique mêlant le grotesque et le sublime, Sobol rappelle que, quelle que soit la folie des hommes qui se répand sur le monde, la neige, silencieuse et obstinée, continuera de tomber.

■ Marc Malcor

Albert Camus

Actuelles IV

Face au tragique de l'histoire.
Édition établie, présentée
et annotée par Catherine Camus
et Vincent Duclert. Gallimard,
« Blanche », 2024, 504 pages, 25 €.

■ Plus de soixante ans après sa mort – et trente ans après la publication à titre posthume du *Premier homme* – *Actuelles IV* vient nous rappeler à point nommé qu'Albert Camus (1913-1960) n'est pas seulement un grand prix Nobel de la littérature mais aussi un écrivain politique. Faisant suite aux trois précédents volumes, parus entre 1950 et 1958, ce recueil de chroniques historiques et politiques rassemble seize inédits et déploie deux thématiques majeures : le combat pour la liberté et l'appel à la résistance et à l'espoir « face au tragique de l'histoire ». Certains textes résonnent d'une manière troublante avec notre actualité. Ainsi cet article publié dans *L'Express*, le 29 novembre 1955, intitulé « La loi du mépris », où Camus dénonce « le développement d'un état d'esprit raciste dans la population française ». Ou encore cet autre article du 30 décembre 1955, intitulé « Explication de vote », où l'écrivain commence par avouer « sa défiance instinctive envers les jeux du tréteau parlementaire », avant de s'engager dans la mêlée – malgré « la sécession, largement légitimée, de la classe ouvrière » – parce que « notre pays est au bord d'un désastre irrémédiable » et que « la paralysie s'accroît ». L'invitation à ne pas désespérer est exigeante, car « la liberté n'est pas la liberté de prospérer ou d'affamer, mais la prise en charge du devoir civique ». Mais « le chemin du monde » est tracé : « équilibrer l'homme par la nature, le mal par la beauté, la justice par la compassion ».

■ Véronique Albanel

Anne Prouteau (dir.)

Camus chez les Justes

Le Chambon-sur-Lignon – 1942-1943. Illustrations de Jacques Ferrandez. Bleu autour, « D'un lieu l'autre », 2024, 176 pages, 23 €.

■ Camus est aujourd'hui présent plus que jamais. Demeurent néanmoins des pans de mystère à dévoiler, tels ces quatorze mois au hameau du Panelier, non loin du Chambon-sur-Lignon (Haute-Loire) où une rechute de sa tuberculose l'a contraint à se faire soigner. Lui, le solaire, subit l'ombre des sapins, le froid, l'éloignement de son épouse Francine ; il expérimente aussi une aire d'écriture et des gestes de Résistance. Un temps austère et fécond dont il confiera plus tard à Maria Casarès : « Je comprends que cette retraite, cette épreuve étaient nécessaires pour faire place nette en moi [...]. » Ce contexte complexe intéresse les différents contributeurs de cet ouvrage dirigé par Anne Prouteau. Pierre Sauvage témoigne de l'accueil des Juifs dans cette région courageusement solidaire pendant l'Occupation et réfléchit, ainsi que Marie-Thérèse Blondeau, aux circonstances de réécriture de *La Peste*. Camus travaille obstinément et noue d'étroites relations avec Pascal Pia et René Leynaud qui le mènent à la Résistance. Sur cet engagement, il restera discret car il s'agit d'une conduite qui va de soi et parce que tant d'amis, les véritables héros, y ont laissé leur vie. L'ouvrage particulièrement précis, honnête et soigné aborde ce virage essentiel et le questionne finement. Son prologue nourri, écrit par Prouteau, permet d'entrer dans la problématique, soutenue par le témoignage de la fille de Camus, avant les éclairages spécialisés sur les œuvres majeures mûries au long de ces mois décisifs et les résonances poétiques de Nimrod et Sylvie Germain. De nombreuses photos d'époque communiquent à cette quête de vérité un caractère intime, parfois bouleversant.

■ Colette Nys-Mazure

Jean-Pierre Sonnet

Sapiens

Nul n'échappe à l'origine. Le Taillis Pré, 2024, 54 pages, 12 €.

■ Aucune nostalgie des origines dans les petites proses poétiques où Jean-Pierre Sonnet tutoie nos lointains ancêtres. Bien au contraire, convoquer Sapiens et Néandertal, Lucy et tous les anonymes qui, depuis des millénaires, peuplent notre terre, évoquer leurs gestes et leurs objets sont autant de manières de nous rendre à la force de nos expériences les plus simples, les plus humaines. Car c'est à nous redécouvrir vivants, chacun comme au premier jour, que ces poèmes invitent. La poésie de Sonnet se caractérise d'abord par sa brièveté. Le poème est le raccourci par lequel nos grands devanciers sont rendus présents, à nos côtés : ils rêvent sous nos crânes, brillent dans nos yeux, se penchent sur nos sépultures. C'est une anthropologie concrète qui se dessine d'un texte à l'autre. Elle ne s'élabore pas ailleurs que dans le miracle du pied qui nous tient debout, de la main qui dessine, salue le semblable ou danse sur la flûte, des lèvres qui balbutient leurs premiers mots et transmettent les récits ancestraux… Il faut toute l'acuité du regard du poète pour saisir dans une expérience ce qu'elle a pour chacun d'intime et de partagé, et tout son art du langage pour permettre au lecteur un retour à soi renouvelé. Le voici tour à tour saisi par la surprise ou l'émerveillement, laissé dans le suspens du vertige, entraîné dans une rêverie où la préhistoire lui ouvre les possibles d'un avenir partagé avec tous. Enfin, si ces textes sont de prose, ils se distinguent par une écriture proprement poétique aussi maîtrisée que discrète. La langue vise la simplicité à travers un travail constant et exigeant sur les rythmes et les sons. Métaphores, jeux polysémiques, allusions décuplent savamment la puissance des textes et accroissent le plaisir de la lecture. Le geste du poète – son travail sur les rythmes et les sons – rejoint celui de Sapiens frottant ses pierres à feu : « Qu'il affine les mots, choque les paroles : des étoiles dans la nuit. »

■ Béatrice Oiry

ARTS

Carole Fritz

La grotte Chauvet

Citadelles & Mazenod, 2024, 208 pages, 180 illustrations, 35 €.

Emma Baus et Amélie Vialet

Origines

Tautavel, notre longue histoire avant Néandertal. Albin Michel, 2024, 192 pages, 24,90 €.

■ L'étude de la Préhistoire est de ces domaines fascinants qui se situent à la jonction de l'investigation scientifique et de la projection imaginaire. Deux ouvrages récents permettent de s'en faire une idée en même temps qu'ils offrent au lecteur des connaissances inédites, accompagnées l'un et l'autre d'une iconographie d'une grande richesse. Deux livres pour deux sites : l'un se veut une investigation de la grotte Chauvet, datée de 36 000 ans avant notre ère, la plus ancienne des grottes connues en Europe, et surtout l'une des mieux conservées, avec ses fresques pariétales d'une exceptionnelle fraîcheur ; l'autre, une recherche sur le site de Tautavel, lieu iconique de l'archéologie, devenu légendaire depuis qu'on y a retrouvé des traces du passage de groupes humains durant plus de 500 000 ans. C'est dire combien la plongée dans la terre est tout autant une plongée dans le temps, dans ce temps plus vieux que toute mémoire. Tout l'enjeu de ces deux ouvrages est de proposer aux lecteurs, en plus de photographies extraordinaires, une description des figures pariétales qui tende vers une interprétation. On y retrouvera les célèbres statuettes de l'Homme-lion, de la Vénus Grimaldi, des bouquetins et des bisons sculptés, mais aussi des centaines de reproductions (dont de nombreuses panoramiques) d'animaux et de corps humains. Que signifient ces images silencieuses de rhinocéros, de lions et de rennes lancés en pleine course ? Comment comprendre ces profils de mammouths, de cerfs et de chevaux inlassablement imprimés sur les parois ? « L'art paléolithique n'est pas toujours d'un abord facile », pour reprendre la litote des auteurs de *La grotte Chauvet*. Encore moins évidente est la compréhension des modes de vie (maîtrise du feu, technique de chasse, pensée symbolique, etc.) de l'humanité avant Néandertal. C'est tout le mérite des auteurs, éminents spécialistes de paléoanthropologie, de mettre à la portée du public des connaissances d'une grande précision, mais aussi un certain nombre de réponses sur l'art pariétal. Les photographies de ces dessins de corps humains sont peut-être, *in fine*, ce qui marque le plus l'imaginaire, telles ces empreintes de mains sur les parois des grottes, lisibles pour notre œil, illisibles pour notre esprit…

■ Pascal Dethurens

Hélène Pierrakos

Failles dans le marbre

Un voyage en musique vers l'Antiquité grecque. Premières Loges, 2024, 144 pages, 16 €.

■ Le monde antique grec est une nourriture depuis qu'il s'est éteint et les compositeurs n'échappent pas à cette règle, rêvant un moment qui est lui-même la source de leurs rêves : lumière, présence, constante de la mer si importante en musique, danse, fantasme des origines, préciosité païenne, étrangeté recherchée, recherche d'un « sacré » ritualisé dans l'art, violence des dieux, autre version de sa propre violence… Autant de failles dans un marbre qui n'a, en fait, rien de la blancheur éclatante et lisse resplendissant au soleil… Mais une autre question s'élève : comment parler de musique et de ce rêve en musique ? L'analyse « musicologique » est importante mais elle doit être nécessairement dépassée : comment écouter la musique, avec autrui et par les seuls mots ? C'est à cette ouverture qu'Hélène Pierrakos excelle. Qu'il s'agisse de Monteverdi, Gluck, Strauss, Debussy et tous ceux qui se rejoignent dans ce rêve antique, elle sait nous faire entrer avec précision et sans lourdeur aucune dans l'élan singulier de chaque œuvre. Disant « je », elle dit « nous peut-être » ; et, ce faisant, elle nous invite à l'écoute de l'Antiquité grecque et des fantasmes sonores qu'elle a nourris. Un livre que l'on relit.

■ Violaine Anger

Pauline Kael

Écrits sur le cinéma

Traduit de l'anglais (États-Unis) par Philippe Aronson, Aurélia Lenoir, Fabrice Pointeau et Julie Sibony. Révisé par Henri Marcel. Sonatine éditions, 2024, 1 008 pages, 32 €.

■ Émaillée de propos pour la plupart assassins, la couverture attire certainement l'œil. « Je n'aime pas *La Notte*. Peut-être que détester est un meilleur mot », écrit ainsi Pauline Kael à propos du film de Michelangelo Antonioni (1961), emblème selon elle de la cuistrerie moderniste. Ce n'est toutefois pas cet art de la pique qui retient aujourd'hui, alors que la critique – notamment cinématographique – voit son espace se réduire toujours davantage. Dans ses meilleurs textes, Kael s'attache d'abord avec une précision étonnante aux sinuosités, aux tensions internes de l'œuvre plutôt qu'à l'expression d'une opinion tranchée. Exemplaire, à ce titre, est la critique de *Voyage au bout de l'enfer* (1978), où l'autrice ne cesse de moduler sa première hypothèse, selon laquelle le film de Michael Cimino est pétri de romantisme adolescent. Ce qui l'intéresse alors est le rapport entre cette forme d'idéalisme et une expérience vécue, partageable. C'est au fond l'idée forte de Kael, celle qui justifie à la fois ses petites phrases et ses longs développements : le grand écran est un « espace public terriblement révélateur », ainsi qu'elle l'avance à propos de *Bonnie and Clyde* d'Arthur Penn (1967). De là découle sa haine de tout snobisme, de là aussi naît sa conviction que le cinéma regarde l'époque et qu'à ce titre, la description des formes esthétiques participe pleinement à la pensée du politique. De la modernité européenne à l'ère des *blockbusters*, du début des années 1960 au milieu des années 1980, Kael a accompagné de profondes mutations du regard.

■ Raphaël Nieuwjaer

Bertrand Tavernier

Mémoires interrompus

Institut Lumière – Actes Sud, 2024, 544 pages, 26 €.

■ Lire ces mémoires procure un sentiment de joie extraordinaire. Bertrand Tavernier (1941-2021) parle des autres, de son amour du cinéma, bien sûr, mais qui est avant tout un élan vers les gens, les paysages, les musiques. Il écrit sur tout ce qui l'a nourri : amitiés, films, livres, concerts, peinture, gastronomie et la guerre, bien sûr. Son premier maître de cinéma ? Victor Hugo. Petit garçon fasciné par les affiches dans le métro, attentif aux gestes routiniers du conducteur, il apprend davantage dans les rues ou dans les salles qu'à l'école. Dans son travail de cinéaste, Tavernier souligne l'importance des scénaristes Christine Pascal et David Rayfiel, dont il dresse des portraits d'une grande tendresse. Ce dernier a travaillé avec lui sur *La mort en direct* (1980), avec Romy Schneider, Harvey Keitel et Harry Dean Stanton : adapté d'un roman de David Guy Compton, le film est moins connu que *L'horloger de Saint-Paul* (1974) ou *Le juge et l'assassin* (1976), mais il demeure incroyablement dérangeant et émouvant. Dans un futur proche où les gens meurent moins, un producteur de téléréalité suit une femme condamnée par la maladie, la scrutant sans relâche. Ces instants arrachés à la vie sont sublimes. La mort hante doucement ces mémoires, qui s'ouvrent sur des pages superbes consacrées à la disparition de Didier Bezace (1946-2020). Rempli de beaux fantômes, ce livre rayonne de vie.

■ Olivia Leboyer

HISTOIRE

Pascal Froissart

L'invention du *fact-checking*

Enquête sur la « Clinique des rumeurs », Boston, 1942-1943.
Presses universitaires de France, 2024, 352 pages, 23 €.

■ Sous-titré « *Enquête sur la "Clinique des rumeurs", Boston, 1942-1943* » l'ouvrage du professeur Pascal Froissart, spécialiste de l'information et de la communication, se lit comme un polar. Le directeur du Celsa à la Sorbonne y retrace les épisodes d'une innovation unique : celle de la première rubrique hebdomadaire de *fact-checking* du quotidien *The Boston Herald*. On retrouve, dans cette histoire vraie, tous les ingrédients d'un scénario à succès : sur fond de guerre et de rumeurs propagées par la cinquième colonne, quelques journalistes, aidés de « sentinelles » et d'experts, lancent une chronique où quatre rumeurs en moyenne sont systématiquement démontées (on dirait aujourd'hui « débunkées »). L'aventure commence le 1er mars 1942 et s'arrêtera le 5 décembre 1943. Entretemps, 4 000 rumeurs ont été analysées et 378 démenties par la « *Rumor Clinic* ». Surtout, l'initiative a fait des émules dans d'autres journaux locaux américains. Toute l'histoire entremêle les aventures d'informateurs, indics, *passionarias* et pipelettes (de beaux portraits), de journalistes sans peur ni reproche et d'officiers, officiels et agents des services secrets. Comme toute bonne enquête historique, celle-ci nous apprend beaucoup sur notre présent. Au moment où nous croulons, depuis le *Brexit* et l'arrivée de Donald Trump au pouvoir, sous une avalanche d'infox (*fake news*) propagées par diverses officines politiques ou par des *trolls* russes, il est passionnant de réfléchir avec Pascal Froissart à la question de la vérité journalistique en action.

■ Didier Pourquery

Anne-Marie Cheny

Le cercle des byzantinistes

Comment bibliothécaires, savants et voyageurs inventèrent Byzance (XVIe-XIXe siècles). Préface de Marie-France Auzépy. Les Belles Lettres, 2024, 304 pages, 43 illustrations, 26 €.

■ C'est à une promenade à travers les siècles que nous convie Anne-Marie Cheny en nous posant une question simple : comment est née l'histoire byzantine ? Comment Byzance est-elle devenue un objet d'étude à part entière dans le champ du savoir ? Si ce voyage commence en 1899, avec la conférence inaugurale du byzantiniste Charles Diehl à la Sorbonne, c'est pour mieux envisager combien, dans les siècles qui ont précédé, l'Empire byzantin, avant d'être un réservoir de références culturelles, a retenu l'attention d'érudits, de bibliothécaires et de cardinaux sans cesse à la recherche de nouvelles sources historiques manuscrites. Ce livre se veut donc une galerie de portraits savants, tout plus captivants les uns que les autres, du Grec Manuel Chrysoloras (1350-1415) à l'Allemand Lukas Holste (1596-1661). Parmi tous ces savants, un parcours retient néanmoins tout particulièrement l'attention : celui du Méridional Nicolas-Claude Fabri de Peiresc (1580-1637), dont les travaux d'érudition et les recherches documentaires ont contribué à la définition des études byzantines. Écrite dans un style alerte, ornée de magnifiques illustrations, cette synthèse a le mérite de faire vivre sous les yeux du lecteur la passion de ces savants pour les livres, mais également les échanges culturels intenses qui ont existé entre l'Orient grec et l'Occident latin, de la fin du Moyen Âge au XVIIIe siècle. La naissance de l'histoire byzantine devient ainsi le prétexte d'une description vivante de la vie intellectuelle européenne de l'époque moderne.

■ Anthony Glaise

Lorraine de Meaux

Germaine Tillion

Une certaine idée de la Résistance. Perrin, « Biographie », 2024, 464 pages, 24 €.

■ Dans son ouvrage, Lorraine de Meaux propose une biographie détaillée, rigoureuse et incarnée de Germaine Tillion (1907-2008), ethnologue, résistante, déportée, engagée contre toute forme d'atteinte aux droits humains et aux libertés, comme lors de la guerre d'Algérie. Dans ce livre qui se lit presque comme un roman, l'autrice retrace le parcours de Germaine Tillion de son enfance à Saint-Maur-des-Fossés à ses dernières années, et donne à voir toutes les facettes de cette femme exceptionnelle à « l'humanisme lumineux ». Si son action dans la Résistance, qui lui valut d'être déportée à Ravensbrück, est relativement bien connue du grand public, l'ouvrage permet donc de mettre en lumière des aspects qui le sont moins. Il repose sur un large corpus d'archives, pour certaines inédites, dont un ensemble de correspondances et de carnets. Lorraine de Meaux en cite de larges passages, laissant ainsi entendre la voix de Germaine Tillion, mais aussi celle de ses proches. Si on peut regretter, par moments, l'usage presque exclusif de ces documents personnels comme source, ce choix permet aussi une approche plus humaine de cette femme parfois figée en icône nationale. Germaine Tillion incarne bien une « certaine idée de la Résistance », une « certaine idée » de l'engagement et de l'humain. Lorraine de Meaux ne passe pas pour autant sous silence quelques prises de position qui ont pu être polémiques, comme lors du procès de Maurice Papon.

■ Raphaëlle Bellon

Anne-Emmanuelle Demartini, Julie Doyon et Léonore Le Caisne (dir.)

Dire, entendre et juger l'inceste du Moyen Âge à nos jours

Seuil, 2024, 416 pages, 24,50 €.

■ Cet énorme travail collectif mène à l'exploration d'une région de la morale et du droit qui demande la production de concepts nouveaux, comme pourrait le faire la découverte d'un paysage connu dont l'exploration révélerait marécages et abîmes inouïs. Les approches sont multidisciplinaires, tout autant diversifiées que les registres sollicités, de l'analyse conceptuelle aux témoignages circonstanciés comme le regard d'une ethnographe sur la très longue histoire d'une suspicion d'inceste, en passant par l'analyse passionnante de la modification des scénarios adaptant des romans du XIXe siècle pour la télévision : la fin heureuse à l'époque est devenue impossible, leur gêne lors de l'écriture révélant aux coscénaristes leur refus, avant même qu'ils puissent l'identifier – non Lagardère ne peut plus épouser Aurore. La sensibilité à l'inceste a historiquement évolué, très schématiquement, du déni à la dénonciation explicite. Mais l'inceste offre une telle originalité et a une telle profondeur qu'il désorganise tous les cadres, y compris judiciaires. Structuré en piège, il interdit toute solution simple. Par exemple, dénoncer un inceste pour un enfant le met très violemment en danger et risque de le conduire à se taire encore plus. Il faut une adaptation constante, de plus en plus fine, des professionnels de toutes les structures impliquées. S'il fallait ne lire que deux textes parmi toutes ces contributions de très haute volée, on choisirait les extraits bouleversants de *Suspendu* d'Hervé Bréhier et la postface lumineuse d'Irène Théry, clarifiant par la philosophie les enjeux de la sociologie (Durkheim, mieux que Lévi-Strauss) et de la psychanalyse (Castoriadis, mieux que Freud).

■ Alain Cugno

Peter Eeckhout

Les Incas

XIIIe-XVIe siècles. Croyances, sacrifices, écriture… les dernières découvertes.
Tallandier, « Humanités », 2024, 528 pages, plus de 150 cartes et illustrations, 29,50 €.

■ Ce livre est une synthèse fournie sur les Incas, organisée par thématiques (société, culture, religion, politique, économie, arts, architecture, etc.). Ce panorama richement illustré s'appuie sur les dernières publications et découvertes pour proposer un regard actualisé sur cette civilisation. L'objectif est de nuancer les visions et idées reçues transmises par la documentation espagnole du XVIe siècle (longtemps la source principale), grâce à l'archéologie. L'auteur explique la vision des Incas eux-mêmes sur leur monde et rend compte des révisions récentes de la version standard de leur histoire. Le célèbre Machu Picchu, résidence saisonnière des empereurs incas et de leur suite, fait l'objet de développements intéressants. Ainsi, en analysant les os, les dents et le modeste matériel funéraire des individus inhumés dans les grottes autour du site, on peut retracer leur origine géographique : il est expliqué que les populations vivant au Machu Picchu étaient très diverses et avaient été déplacées depuis différentes régions, du Chili au lac Titicaca, pour former un microcosme au service de l'empereur, une version miniature de l'empire chargée d'entretenir ce site au cadre grandiose. Peter Eeckhout rend aussi compte des hypothèses sur le fonctionnement du *khipu*, ces cordelettes dont les nœuds variés pourraient constituer des codes transmettant des informations numériques, voire être « lus » sous forme de syllabes. Ces propositions de décryptage montrent les avancées dans le déchiffrement de ce qui pourrait être une première forme d'écriture chez les Incas.

■ Florent Plusquellec

Thibault Tellier

Histoire de la banlieue

Perrin, 2024, 400 pages, 25 €.

■ « Peut-on faire l'histoire d'un objet sans qualité particulière et somme toute banal ? » C'est par cette provocation que l'auteur, historien et spécialiste des politiques de la ville, ouvre son propos. La banlieue, « cette masse territoriale aux contours incertains », a-t-elle non seulement une géographie, mais aussi une histoire ? Depuis son apparition à la fin du XIXe siècle, comme extension des faubourgs, jusqu'à sa constitution progressive en objet politique au long du siècle suivant, « la banlieue », terme générique recouvrant nombre de réalités plurielles, a incarné successivement la promesse d'un territoire de conquête et l'image d'une zone à risques, la fameuse « jungle ». L'ouvrage retrace, de façon pédagogique et documentée, l'affirmation progressive de la banlieue comme « espace social » et les soubresauts qui l'ont accompagnée : structuration des municipalités et des métropoles, fluctuations des politiques du logement et d'aménagement du territoire, confrontations entre villes centres et périphéries, tiraillements entre planification urbaine et laisser-faire foncier, modalités hésitantes d'expression des habitants, sans oublier utopies (cités jardins) et dérives (cités dortoirs) auxquelles cette émergence a donné lieu, ou encore l'encadrement d'acteurs de terrain, tels que le Parti communiste ou l'Église catholique. Aujourd'hui, la réalité sociale de la banlieue tend à se diluer dans celle des quartiers, espaces de proximité où se manifestent aussi bien vie associative que tensions communautaires. Entre zone de fracture, sorte de « condensé des peurs sociales », et espace privilégié d'intégration, connecté au monde entier (voir les derniers Jeux olympiques et paralympiques), la banlieue est à la croisée des chemins. Mais n'est-ce pas là précisément sa vocation première ?

■ Antoine Corman

Laurent Cuvelier

La ville captivée

Affichage et publicité au XVIIIe siècle.
Flammarion, « Le présent de l'Histoire », 2024,
384 pages, 24,90 €.

■ Historien de l'urbain et de l'écrit, Laurent Cuvelier propose une histoire de la ville « à partir de ses murs ». Au juste, il se penche sur la place des affiches dans les rues de Paris au XVIIIe siècle. Si ces dernières n'apparaissent pas dans la capitale avec le siècle des Lumières, l'analyse met en évidence une rupture en raison du double mouvement de multiplication et de diversification de l'objet. Cette ville captivée repose sur une économie de l'attention qui est restituée dans ses différents aspects, depuis les travailleurs de l'affiche jusqu'aux usages de cet objet en passant par ses politiques d'affichage et même son écologie. Ce travail stimulant affronte un défi méthodologique : comment faire l'histoire d'éphémères qui n'ont pas toujours été conservés ? L'ouvrage repose sur un riche corpus de 6 000 affiches dont l'étude est articulée à la consultation d'autres sources (guides, traités, archives policières, écrits littéraires). Des parcours des afficheurs dans les rues de Paris aux débats des assemblées révolutionnaires au sujet de l'affichage officiel, l'historien déploie une démonstration précise et vivante où les innovations graphiques sont rapprochées des réflexions des autorités autour de la publication de la loi, où les conceptions philosophiques d'une affiche pédagogique contrastent avec l'essor de la publicité commerciale et où les tentatives des autorités pour réguler font face à l'impossible maîtrise des murs, entre conflits locaux et luttes politiques. Illustrations et annexes enrichissent ce volume qui est une précieuse contribution à l'histoire de l'écrit exposé des portes des églises au Palais-Royal, de ses producteurs à ses publics, de sa pratique à ses imaginaires.

■ Gautier Garnier

Timothy Snyder

De la liberté

Traduit de l'anglais (États-Unis) par Pierre-Emmanuel Dauzat et Aude de Saint-Loup. Gallimard, « Bibliothèque des Histoires », 2024, 416 pages, 26 €.

■ Comment définir la liberté ? Si Timothy Snyder cite incidemment John Stuart Mill et Isaiah Berlin, il ne se livre pas à une analyse théorique du concept. Résolument, il déroule les rubans de sa mémoire vive, auscultant telle ou telle expérience vécue de liberté. En procédant ainsi, Snyder montre la confiance qu'il place dans la liberté de l'esprit, qui tient presque de la promenade philosophique. Au hasard d'une rencontre, d'un voyage ou d'une lecture, nous agissons en nous sentant libres. La première expérience a lieu en 1976 lorsque, petit garçon, il fait sonner la *Liberty Bell* (« cloche de la liberté ») célébrant le bicentenaire de l'Indépendance. Un moment solennel où l'enfant ne perçoit pas encore que la liberté de 1776 ne signifie pas la liberté pour tous. Adolescent, au Costa Rica, il se sent libre d'emprunter un sentier de randonnée. Jeune enseignant, il réfléchit à partir d'Édith Stein et de l'empathie. Retrouvant l'idée selon laquelle la liberté se comprend dans sa tension avec l'égalité, dans les relations que les hommes tissent entre eux. Au passage, Snyder fustige ce qu'il nomme l'« illiberté libertarienne ». La forme de l'ouvrage est celle du voyage libre d'une association d'idées à l'autre : au fil de ses pérégrinations, Snyder retrouve la Tchécoslovaquie et la langue tchèque, qui lui sont chères. Et l'introduction s'ouvre sur une interrogation : qu'est-ce que la liberté, en 2023, pour les Ukrainiens ? Constamment, Snyder revient au ressenti, à l'essentiel. Le droit à la mobilité, le droit à la santé, le droit à des conditions de vie dignes et la transmission sont les conditions de la liberté.

■ Olivia Leboyer

PHILOSOPHIE

Derek Parfit

Les raisons et les personnes

Traduit de l'anglais et préfacé par Yann Schmitt. Agone, « Banc d'essais », 2024, 906 pages, 39 €.

■ Cet ouvrage majeur de la philosophie anglo-saxonne est rendu disponible en français par une excellente traduction. Son objectif est de modifier nos jugements moraux spontanés : nous ne devons pas seulement faire du bien à des personnes déterminées, mais plutôt maximiser de façon impersonnelle ce qui rend la vie digne d'être vécue, comme lorsque nous luttons contre le changement climatique global. L'argument central consiste à remettre en question notre conception spontanée de ce qu'est une personne humaine. Les matérialistes comme les spiritualistes considèrent notre identité comme un tout indivisible, qui demeure le même sous nos changements physiques et mentaux, tandis que d'autres dénoncent ici une pure illusion. L'auteur défend une position intermédiaire : notre identité personnelle est certes réelle, mais elle ne consiste en rien d'autre qu'une certaine continuité physique et surtout mentale, grâce à la mémoire ; nous sommes avant tout ce que nous nous souvenons d'avoir été et nous le sommes de moins en moins puisque nos souvenirs se dégradent sans cesse. L'identité d'une personne est donc relative, de la même façon qu'une nation n'est plus réellement la même après plusieurs siècles, sans que l'on puisse dire avec précision à quand remonte le changement. Pour nous en convaincre, l'auteur s'appuie notamment sur des expériences de pensée troublantes, par exemple une personne qui serait téléportée en étant désintégrée puis recréée à distance avec un corps et une mémoire identiques. Serait-elle encore la même personne ? Serait-elle tuée et remplacée par une copie ? Ou bien encore une telle distinction serait-elle vide de sens ?

■ Philippe Ribéreau-Gayon

Yann Diener

La mâchoire de Freud

Gallimard, « L'arpenteur », 2024, 176 pages, 18 €.

■ Dans cet essai, court, dense et limpide, Yann Diener, psychanalyste lacanien et chroniqueur à *Charlie Hebdo*, cherche à saisir comment notre langage se mécanise et se rétracte jusqu'à effacer le sujet parlant en réduisant sa pensée. Il part, pour cela, de l'expérience douloureuse de Freud qui, atteint d'un cancer de la mâchoire, dut supporter de 1924 jusqu'à sa mort en 1939, une trentaine d'opérations et le port de prothèses qui lui causait d'énormes difficultés à parler. Pour l'auteur, « la prothèse de Freud nous renseigne sur notre rapport à la parole aujourd'hui : dans un rêve de communication sans limites, nous nous équipons toujours plus de prothèses informatiques », ce qui conduit à gommer toute ambiguïté en se concentrant sur le signifié au détriment du signifiant et en écrasant le contexte de l'énonciation. C'est la parole singulière qui est bâillonnée tandis que la mécanisation de la langue rapproche notre condition de celle stigmatisée par Victor Klemperer dans son étude des langages totalitaires. Pour Diener, le dépeçage de la langue a commencé en 1936 avec Alan Turing. Le concepteur de la machine destinée à casser le code nazi était un autiste Asperger qui avait une voix haut perchée et mal assurée et de grandes difficultés à prendre la parole. Sa machine à communiquer fonctionnait sans poésie, sans métaphore, sans second degré, sans lapsus. Et c'est aujourd'hui à cette communication sans équivoque que nous conduit l'usage immodéré du langage binaire, au détriment du langage analogique. Binarité qui impose des jugements de plus en plus clivés et l'affirmation d'identités aussi nettes que les cases à noircir dans un formulaire.

■ Jean-Marie Donegani

Francis Guibal

Existence, langage(s), sens

Essais. Éditions de Corlevour, « Revue *La Forge* », 2024, 174 pages, 18 €.

■ L'auteur poursuit ici sa réflexion sur le dialogue entre philosophie et théologie. Dans ce recueil d'essais, il explore leur lien, voire leur connivence avec la poésie. Il donne à entendre les voix plurielles qui les parcourent. Les cinq chapitres abordent successivement la rencontre de Marc Faessler, théologien protestant, avec Emmanuel Levinas, la confrontation d'un poète (François Amanecer) avec le champ éthique et religieux, la tension entre naissance et mort (« La vie en passage »), puis entre histoire et eschatologie, avant d'apporter une réflexion plus systématique. On le perçoit à l'énoncé des chapitres, l'ouvrage est marqué par le dialogue des langages, le souci de cet entre-deux où se formulent chaque fois la promesse et déjà la réalité d'un sens vivant. Très éclairant à cet égard est le chapitre sur l'esprit de la résurrection, la crédibilité du kérygme chrétien dans notre espace culturel et social. Entre la raison dominatrice et le tragique de l'expérience, l'Absolu et le Fini, le savoir et le non-sens, il y a à trouver une juste intelligence de l'action, entre souffle et parole, grâce et liberté. Théologie, philosophie et poésie se rencontrent quand elles échappent à l'insignifiance qui les menace, celle du dogme autoritaire, de la raison dominatrice, de l'esthétisme, pour manifester l'intelligence d'une foi vive, la liberté raisonnable, une créativité inspirée. À cette condition et en dialogue, chacune s'ouvrira pour tracer les figures d'un sens en action et, par là même, « l'élan éthique de l'existence », selon les derniers termes de l'ouvrage. C'est une profonde et sage leçon de présence humaine dans l'histoire que nous offre ainsi ce livre.

■ Henri Laux

Franck Fischbach

Faire ensemble

Reconstruction sociale et sortie du capitalisme. Seuil, « L'ordre philosophique », 2024, 424 pages, 25 €.

■ Franck Fischbach poursuit son œuvre de défense et d'illustration de la philosophie sociale dont il est, en France, le principal représentant et théoricien. Le cœur de l'ouvrage intéressera plutôt le lecteur averti en proposant une généalogie du « faire ensemble » à partir de plusieurs traditions (jeunes hégéliens, Georg Simmel, théorie critique, etc.) dont les limites sont dépassées par leur mise en dialogue. L'ambition théorique d'ouvrir la critique du capitalisme à une « synthèse bio-sociale » se laisse mieux lire dans l'introduction, l'ultime chapitre et la conclusion. Face au constat de la crise du lien social, et sans céder aux forces réactionnaires, la « reconstruction sociale » exige de substituer le « faire ensemble » au « vivre ensemble », ce qui passe par la valorisation des activités de coopération, à travers le travail, lui-même reconsidéré comme *praxis*. La logique du capitalisme est mortifère parce que doublement contradictoire : les activités productives minent les activités reproductives (éducation, santé, etc.) du « courant de socialité » sur lesquelles elles reposent et épuisent les ressources naturelles jusqu'à risquer de rendre impossible toute vie sociale sur Terre. « Faire ensemble » et sortir du capitalisme sont donc une seule et même urgence, en réactivant les « relations interpersonnelles » sous l'autonomisation des « rapports sociaux ». Finalement, puisqu'il est inutile de se ressembler pour faire société, il faut étendre le « faire ensemble » aux vivants non humains, sans exclure la possibilité d'une coopération des humains avec eux. La démocratie, le social, nos relations sociales avec les relations aux autres vivants sont donc impensables séparément.

■ Laurent Cordemoy

Inga Römer

Kant et la métaphysique pour l'homme

Presses universitaires de France, « Épiméthée », 2024, 416 pages, 34 €.

■ On sait que l'histoire de la réception de l'œuvre d'Emmanuel Kant (1724-1804) se partage entre deux grandes interprétations, celle d'inspiration néokantienne qui privilégie la théorie de la connaissance et celle qui, depuis Martin Heidegger (1889-1976), prend le contrepied de la précédente en faisant de lui un métaphysicien. Or, depuis quelques décennies, les historiens de la philosophie ont montré que la thèse heideggerienne d'une structure ontothéologique de la métaphysique n'avait pas de valeur universelle. Dès lors, si l'on refuse de le lire à partir d'une problématique qui lui est extérieure, en quel sens peut-on dire que Kant est métaphysicien ? Pour répondre à cette question, Inga Römer s'intéresse de près à un texte tardif de Kant relativement peu étudié, les *Progrès de la métaphysique* (1793), à partir duquel elle pose le problème de la métaphysique kantienne de façon radicalement nouvelle. Kant aurait le premier pris conscience que notre besoin de métaphysique se fonde sur la moralité, ce qui le conduit à inventer une nouvelle métaphysique spéciale, de type practico-dogmatique. Or, dans la *Critique de la raison pratique* (1785), Kant argumentait essentiellement du point de vue de la philosophie morale. Ce n'est qu'à partir de 1793 qu'il déploie une argumentation proprement métaphysique, et ce jusque dans les derniers fragments de l'*Opus postumum*. La démonstration est impossible à résumer en quelques lignes, mais l'on peut signaler que cet ouvrage majeur pour l'historien de la philosophie intéressera aussi le moraliste, car il est également une tentative, à nos yeux convaincante, de réponse aux critiques éthiques de la métaphysique, qui approfondit de façon significative des thèses d'Emmanuel Levinas (1905-1995).

■ Baptiste Protais

Frédéric Rognon

Vivre et penser l'amour avec Kierkegaard

Labor et Fides, 2024,
288 pages, 23 €.

■ La réception de l'œuvre de Søren Kierkegaard (1813-1855) en France est grevée par de nombreux malentendus dont la source réside, en partie, dans un problème de traduction. L'étude que Frédéric Rognon consacre à la pensée kierkegaardienne de l'amour échappe heureusement à ce travers, non seulement grâce à un travail conceptuel précis sur les termes de la langue danoise, mais encore par son insistance sur le caractère essentiellement théologique de sa pensée. Ce qui nous paraît être le point essentiel de l'ouvrage est la caractérisation que l'auteur propose de la pensée kierkegaardiennne de l'amour, comprise comme une « dialectique cathartique et agonistique ». Il s'agit d'abord de purifier les amours humaines par la charité dont Dieu est le socle, mais surtout de prendre au sérieux la conflictualité de ces amours. À cet égard, l'hypothèse selon laquelle la théorie des trois stades développée dans *Ou bien... ou bien* (1843) pourrait éclairer les diverses modalités de l'amour que thématise *Les œuvres de l'amour* (1847) s'avère particulièrement féconde. Si, comme l'écrit Kierkegaard lui-même, « seul l'amour unifie entièrement », cette unification n'abolit pas les déchirements de toute vie relationnelle : plus encore, elle les exacerbe. Le dernier chapitre offre une confrontation intéressante avec d'autres auteurs, lecteurs ou non de Kierkegaard. On pourra lire notamment les pages consacrées à saint Augustin et surtout celles dans lesquelles l'auteur revient sur la lecture particulièrement critique que faisait Emmanuel Levinas d'interprétation kierkegaardienne de la ligature d'Isaac. Cet ouvrage pourra donc être lu avec profit par d'autres lecteurs que les philosophes ou les théologiens.

■ Baptiste Protais

MONDE

Laurent Larcher

La fureur et l'extase

Un reporter de guerre face aux violences de masse. Préface de Jacques Semelin. Bayard, « Récits », 2025, 288 pages, 20,90 €.

■ Laurent Larcher est grand reporter à *La Croix*, spécialiste des guerres en Afrique et notamment du génocide perpétré contre les Tutsi. Son dernier livre s'ouvre sur une scène de lynchage pendant la guerre civile en Centrafrique, à laquelle il assiste accompagné de Camille Lepage, une jeune photographe qui sera assassinée quelques mois plus tard. L'auteur confie, en une sorte de catharsis, ses souvenirs, émotions et réflexions intimes face au double traumatisme moral auquel son métier l'a confronté : comment comprendre que des hommes et des femmes ordinaires, parfois même des enfants, puissent non seulement commettre des violences extrêmes contre leurs semblables, mais en tirer une jouissance perverse ? L'histoire et la littérature réfutent le préjugé raciste d'une barbarie spécifiquement africaine : les êtres humains de tous les pays et de tous les temps sont capables de cette même cruauté enivrante. Faut-il y voir la marque d'un péché originel, d'une pulsion de mort tapie au fond de notre inconscient ou encore d'un mécanisme mimétique qui nous pousse à reproduire la violence que nous subissons, comme une maladie contagieuse ? Quelques étoiles d'espoir brillent dans cette nuit de la sauvagerie. Certains justes, musulmans ou chrétiens, n'ont pas cédé au réflexe aveugle de la vengeance communautaire, mais ont choisi de sauver leurs frères humains du camp opposé, en le payant parfois de leur propre vie. L'extase ne réside pas seulement dans la fureur collective, mais aussi dans l'héroïsme individuel qui s'y oppose : « Tout ne conduit pas à la mort. Mais tout est toujours sur le point de basculer, du côté de ce qui sauve ou de ce qui détruit. »

■ Philippe Ribéreau-Gayon

François-Xavier Carayon

Les États prédateurs

Fonds souverains et entreprises publiques à la conquête de l'Europe. Fayard, 2024, 360 pages, 22 €.

■ Nous savons qu'est terminé le temps de la « mondialisation heureuse », qui se caractérisait par un recul du politique (suspect de violence et de domination) au profit du « doux commerce », censé assurer une coopération harmonieuse entre les peuples. On prophétisait, comme Lénine, quoique dans une autre perspective, le dépérissement inéluctable de l'État. Mais le processus s'est récemment inversé. Les États se réinvestissent dans l'économie : « À partir des années 2000, [ils] acquièrent à l'échelle mondiale plus d'actifs qu'ils n'en cèdent. » Une part croissante des investissements sont le fait non plus tant d'acteurs privés que d'acteurs étatiques, à travers les fonds de pension et les entreprises publiques. Apparaissent ainsi des « États prédateurs » qui profitent des circuits de la mondialisation pour mener une guerre économique. Le problème est que d'ardents défenseurs de la mondialisation libérale empêchent toute résistance possible au titre de la « liberté » du commerce. Le livre conduit un grand nombre d'enquêtes, richement documentées. Tous les fonds souverains n'ont pas le même comportement, mais certains, qui opèrent dans la plus grande discrétion, ont une influence problématique du fait de leur pouvoir considérable. C'est le cas aussi d'entreprises publiques que les États utilisent pour servir leur agenda politique. Il ne s'agit pas de refuser par principe ces investissements publics étrangers, mais de se « prémunir contre les menaces qu'ils charrient, sans paranoïa ni naïveté ». Le livre invite à une vigilance et un sursaut : « La logique de marché doit rester subordonnée à l'intérêt national (ou européen). »

■ François Euvé

Blandine Chelini-Pont et Valentine Zuber

Géopolitique des droits humains

L'universalisme mis au défi.
Le Cavalier bleu, « Géopolitique de… », 2024, 240 pages, 21 €.

■ Qu'en est-il des droits humains, dont l'origine remonte à la fin du XVIIIe siècle et la consécration « universelle » date de la célèbre déclaration de 1948 ? Ils ont connu une expansion continue, grâce aux divers organismes des Nations unies, et un enrichissement (droits des femmes, des enfants, des peuples autochtones, etc.). Par ailleurs, ils sont de plus en plus contestés. À certains égards, leur apogée se situe vers la fin du régime soviétique, lorsque les dissidents en faisaient la base de leur critique du système. La chute du mur de Berlin a semblé montrer la pertinence de la démocratie libérale fondée sur les droits de la personne. Mais d'autres critiques apparurent à la faveur du rejet croissant de l'Occident dans de nombreux pays. Pour leurs contempteurs, ces droits seraient « une imposition du libéralisme occidental » à la faveur de l'expansion coloniale. L'extension des droits à diverses catégories de population soulève aussi des critiques (par exemple, concernant les droits sexuels et reproductifs). Si les 192 pays représentés à l'Organisation des nations unies ont voté à l'unanimité, en 2005, une résolution qui reconnaissait l'interdépendance entre régime démocratique et mise en œuvre des droits humains, il s'en faut de beaucoup que la reconnaissance verbale de la démocratie se traduise dans les faits. Le bilan est nuancé. La montée des populismes fait peser une menace, mais des attentes démocratiques s'expriment aussi à l'encontre de gouvernements autoritaires. Il se pourrait que, malgré les contestations, les instrumentalisations et les régressions, les droits humains continuent à constituer une sorte de référence commune à l'humanité.

■ François Euvé

Michael Walzer

Le paradoxe des libérations nationales

Traduit de l'anglais (États-Unis) par Christophe Beslon. Préface de Bruno Karsenti. Presses universitaires de France, 2024, 240 pages, 18 €.

Inde, Algérie, Israël : dans ces trois pays distincts, aux religions différentes, un mouvement indépendantiste portant un projet laïque libère le pays du colonisateur. Dans les trois cas, quelques années plus tard, une idéologie politique issue du fondamentalisme religieux s'installe solidement dans l'opinion publique, parvient à s'emparer de tout ou partie du pouvoir politique et s'attaque aux principes fondateurs de l'État. Une trajectoire type se dégage ainsi qui, bien qu'elle nécessite d'être précisée face à chaque cas particulier, s'avère efficace pour décrire les évolutions historiques qu'ont connues de nombreux pays. Elle conduit Michael Walzer à se poser une question : comment la libération nationale peut-elle déboucher sur la contre-révolution religieuse ? Cet ouvrage essaie d'y répondre en pointant l'échec d'une émancipation mise en place par un mouvement « libérationniste » dont les ambitions, sur les droits des femmes, le statut des minorités ou bien la distinction entre le politique et le religieux, vont à l'encontre des aspirations de la majorité. Celle-ci, rejetant des transformations trop radicales, préfère se tourner vers les défenseurs autoproclamés des traditions religieuses, militants de l'islam politique, du nationalisme hindou ou du sionisme messianique. Résumons donc, en une phrase, ce paradoxe des libérations nationales : dans les pays créés au moment de la décolonisation, la gauche laïque, bien malgré elle, a fait le lit de l'extrême droite religieuse. Alors qu'on peine parfois à comprendre les ressorts du succès des fondamentalistes, Walzer nous donne, avec ce petit livre, une utile grille de lecture pour le comprendre.

Cyprien Mycinski

Bertrand Badie

L'art de la paix

Flammarion, 2024, 256 pages, 21 €.

Dans son nouvel ouvrage, Bertrand Badie se départit des investigations académiques, soucieuses en priorité d'interroger les rapports de puissance et les grandes orientations des relations internationales, pour s'intéresser à un objet furtif, pensé de manière hâtive comme l'absence de guerre et difficile à appréhender dans ses contours propres : la paix. Optant pour la tradition occidentale qui va d'Aristote à Kant, en passant par Bernardin de Saint-Pierre ou Rousseau, l'auteur privilégie l'approche qui tend à penser une « paix humaine » en l'enracinant dans un monde plus juste et plus solidaire. Loin cependant d'interroger la seule réflexion occidentale, l'auteur puise également dans la tradition africaine et la pensée islamique, ou asiatique, des apports concordants qui privilégient l'intégration et la solidarité comme principes constitutifs d'un ordre de justice et de stabilité. Par là s'amorce la critique d'une conception ancrée dans la vision dite réaliste du système international qui fonde les relations entre États sur l'équilibre des forces et sur une paix hégémonique. Badie prend le contrepied du paradigme hobbesien qui fait, de la guerre, la règle et, de la paix, le temps qui s'écoule entre deux périodes d'hostilités. La paix n'est pas une non-guerre mais une situation d'ensemble qui se fonde sur des « vertus » à honorer pour rendre le système international inclusif, faisant droit aux impératifs d'égalité, de respect et de développement, loin des postures d'humiliation et des politiques de marginalisation. On lira avec intérêt ce plaidoyer didactique et argumenté, servi par une vaste connaissance de l'évolution des relations internationales, qui renouvelle la réflexion sur une « paix à construire » et non simplement à maintenir comme l'énonce la Charte de l'Organisation des Nations unies.

■ Joseph Maïla

SOCIÉTÉ

Nicolas Renahy

Jusqu'au bout

Vieillir et résister dans le monde ouvrier. La Découverte, « L'envers des faits », 2024, 208 pages, 21 €.

■ Résolument inscrit dans une « filiation intellectuelle » avec Michel Pialoux, qui avait mis en lumière les ressorts du monde ouvrier à travers les luttes menées à l'usine Peugeot de Sochaux, Nicolas Renahy (*Les gars du coin, Enquête sur une jeunesse rurale*, La Découverte, 2005 ; *cf. Études*, n° 404, février 2006) reprend le fil de cette « étape importante de la sociologie française » en plongeant dans le quotidien des « militants aguerris » des années 1980-1990, désormais à la retraite. Au terme de quatre années d'enquête (2019-2024), il met en perspective les entretiens de Michel Pialoux avec les récits et vécus d'aujourd'hui, pour montrer – de façon inédite – l'évolution de la vie ouvrière rurale. Après une carrière exposée aux toxiques et aux efforts physiques, leurs corps ont, bien souvent, vieillis prématurément. La solidarité avec les anciens camarades syndicalistes perdure, dans une logique de « bande », qui ne manque pas de rappeler les jeunes des campagnes en déclin du Grand Est (Benoît Coquard, *Ceux qui restent, Faire sa vie dans les campagnes en déclin*, La Découverte, 2019). L'auteur décrit leurs habitudes (en particulier la « bricole » et l'affouage), leur pragmatisme lors des manifestations auxquelles ils participent (notamment au printemps 2023, contre la réforme des retraites) et les questionnements sous-jacents à la désaffection syndicale, liée au déclin du nombre d'ouvriers dans les campagnes. De fait, certains ont pris leurs distances avec le militantisme ; c'est le cas de Gérard et Hamid, tous deux interviewés à l'époque par Michel Pialoux, qui, déçus par l'égoïsme entre ouvriers, semblent bien aujourd'hui ne plus y croire.

■ Gabriel Arnault

Mathieu Detchessahar,
Cécile Ezvan
et Sandrine Frémeaux (dir.)

L'entreprise au défi de l'écologie intégrale

Penser et agir pour une économie du bien commun. Nouvelle Cité, 2024, 256 pages, 19 €.

■ Il est grand temps que les entreprises endossent pleinement leur responsabilité dans la fabrique de nos sociétés. Cette « puissance civilisationnelle » – pour reprendre l'expression de l'équipe d'Armand Hatchuel à l'École des Mines – mérite d'être maîtrisée et surtout orientée vers le bien de tous ou « bien commun ». L'ouvrage collectif intitulé *L'entreprise au défi de l'écologie intégrale* apporte des ressources majeures à la fois pour rappeler la culture des limites du monde grec, mais aussi pour rappeler que « tout est lié, tout est don, tout est fragile ». Les encycliques ou exhortations apostoliques de notre histoire récente – *Populorum progressio* (1967), *Evangeli gaudium* (2013), *Laudato si'* (2015), *Laudate Deum* (2023) – sont de véritables mines pour éclairer la nouvelle culture écologique. Celle-ci infuse dans les pratiques d'entreprises où la valeur relationnelle ou socio-environnementale permet désormais de contrer l'incurie des activités industrielles. Pourtant « en même temps que s'affirme la démocratie libérale avec ses parlements [...] se développe une force de transformation sociale apolitique et non démocratique », remarque Mathieu Detchessahar. Ce désencastrement n'a fait qu'empirer mais des obligations d'autorégulation se multiplient avec le Pacte vert qui oblige les entreprises à rendre compte de leurs impacts. Ainsi un nouveau régime économique « permacirculaire et biosourcé » – termes utilisés par Dominique Bourg et Christian Arnsperger – s'inscrit dans un imaginaire de solidarité et de « vie bonne » où le travail contribue à la Création. Ce livre se nourrit d'expériences locales comme les milliers d'écovillages (*Global Ecovillage Network*) ou les initiatives d'entraide auprès des plus démunis au Paraguay, aux Philippines et en Corée du Sud qui montrent combien écologie rime avec partage. Une « économie de communion » inspirante pour tous les humains conscients de notre communauté de destin.

■ Dorothée Browaeys

Serge Abiteboul
et Francois Bancilhon

Vive les communs numériques

Logiciels libres, Wikipédia, le Web, la science ouverte, etc. Préface de Gérard Berry. Odile Jacob, 2024, 304 pages, 24,90 €.

■ Le monde du numérique a tremblé en mars 2024 lorsqu'un ingénieur de Microsoft a mis le doigt par hasard sur une attaque informatique insérée dans l'un des logiciels libres les plus utilisés au monde. Cette vulnérabilité spectaculaire qui aurait permis à des *hackers* d'accéder à des millions d'ordinateurs, immédiatement corrigée, a rappelé à quel point nous dépendons des communs numériques. Les communs numériques sont des ressources partagées, entretenues par une communauté d'acteurs dotée de règles conjointement élaborées. Ces communs sont à l'origine de plusieurs succès contemporains : du GPS, avec *OpenStreetMap*, aux encyclopédies comme *Wikipédia*, en passant par les systèmes d'exploitation (*Linux*) ou les bases de données comme *OpenFoodFacts*. D'un point de vue théorique, ces biens sont caractérisés par leur caractère non rival (pas d'épuisement possible) et non exclusif. Ils sont développés par de larges communautés déterritorialisées munies d'une gouvernance propre qui assurent la pérennité du projet. Dans la pratique, ces biens sont des données, informations, communautés ou encore logiciels. Le livre de Serge Abiteboul et Francois Bancilhon nous permet de comprendre les dangers auxquels sont confrontées les communautés numériques, mais aussi les ressources (juridiques, par exemple) dont elles disposent pour se protéger. Le lecteur pourra se demander, à la lecture du livre, si cette culture unique propre aux communs du numérique pourrait être étendue au monde des machines et de l'industrie. C'est la promesse des *fablabs* (« laboratoires de fabrication ») et *hackerspaces* (« ateliers numériques ouverts »), « *from bits to atoms* » (« du monde des octets à celui des atomes »).

■ Eymard Houdeville

Abdelwahab Meddeb

L'islam au croisement des cultures

Albin Michel, 2024,
256 pages, 18,90 €.

■ Cet ouvrage posthume d'Abdelwahab Meddeb, publié presque dix ans après son décès, veut montrer la réalité, le plus souvent enfouie, des liens entre les civilisations occidentales et orientales. Dans la première partie, « Croisements », Meddeb insiste sur les liens entre les productions mystiques et intellectuelles des deux rives. Les titres des chapitres donnent le ton sur les rapprochements : « Le palimpseste du bilingue : Ibn Arabi et Dante », ou encore « Situations de l'islam dans *Don Quichotte* », par exemple. On notera que, dans un des chapitres, « La jouissance de l'autre : Ibn Arabi et Thérèse d'Avila », l'auteur s'imagine une anachronique nuit d'amour charnelle et mystique intrigante, entre les deux mystiques espagnols. Les deux derniers chapitres de cette première partie évoquent Ibn Arabi, d'abord en débat avec Jean de la Croix, puis avec Raymond Lulle. À chaque fois, l'auteur tente de relever les traces, assumées ou sous-jacentes, mais toujours réelles, d'un fond ou d'une part islamique dans des œuvres considérées comme fondatrices du monde européen chrétien. Dans la seconde partie du livre, « Écarts », Meddeb s'intéresse plus particulièrement à des œuvres de mystiques musulmans (perses, égyptiens, irakiens ou andalous), témoignant d'une ouverture sur l'autre qui serait de nature. L'ensemble est intéressant et truffé de références, mais mâtiné d'un style poétique et mystique propre à l'auteur. Ces passages enrichissent l'apport global d'une œuvre qui ne laissera pas indifférents toutes celles et tous ceux ouverts à la question de la rencontre de l'autre et à ce qui peut unir, mais aussi parfois, clairement distinguer, à la racine, chrétiens et musulmans.

■ Faker Korchane

Vincent Gourdon

Histoire du baptême

Du Moyen Âge à nos jours. Passés/Composés, 2024, 400 pages, 23 €.

■ Le rite d'accueil dans la communauté catholique, le baptême, fixé dès le XIIe siècle comme le premier des sacrements qui ouvre la porte aux six autres, est transcrit de plus en plus systématiquement dans les registres paroissiaux à partir de la fin du Moyen Âge. C'est du pain bénit pour les historiens, qui peuvent ainsi en tirer de multiples renseignements touchant non seulement la pratique religieuse, mais également la démographie, les sensibilités envers les rites et les croyances. Vincent Gourdon replace cette pratique du baptême dans son environnement politique, comme l'exigence de baptême immédiat à la suite de la révocation de l'édit de Nantes, et culturel, comme l'attention aux effets de l'eau froide sur les nouveau-nés, dont la fragilité justifie parfois l'ondoiement à la maison plutôt qu'à l'église, ou encore comme la déliaison entre le nom du baptisé et celui de son parrain, ou encore la « coloration républicaine et la saveur quasi juridique » du « baptême civil ». Ce parrainage quasi officiel se substitue de plus en plus au baptême religieux. Très marqué sous la Troisième République par l'anticléricalisme, il se développe aujourd'hui plutôt pour les raisons anthropologiques de l'impératif d'un « rite de passage ». Noyé dans un océan de documents, de témoignages et de chiffres, le lecteur de cet ouvrage sent poindre cependant la tension latente entre, d'une part, une approche ecclésiale du baptême, défendue par le clergé qui porte une attention critique à la conviction religieuse des parents et, d'autre part, une tradition culturelle qui rattache le rite à sa dimension anthropologique purement familiale, parfois idéologique ou superstitieuse.

■ Étienne Perrot

AU SOMMAIRE DU PROCHAIN NUMÉRO :

- **La Chine et l'Europe**
- **La santé mentale des adolescents**
- **Le Sacré Cœur**